ANKERKRAUT
GESCHMACKSMANUFAKTUR

DAS
KIDS
BUCH

KINDERREZEPTE
VON ANNE & STEFAN

WIDMUNG
---

wir widmen
dieses Buch
allen Kindern
dieser Erde

LIO IDA

IDAS & LIOS LIEBLINGSREZEPTE

10–25

KOCHEN FÜR KINDER

26–49

GRILLEN FÜR KINDER

50–63

BACKEN FÜR KINDER

64–79

FÜR DIE BROTDOSE

80–93

SNACKS FÜR ZWISCHENDURCH

94–105

FÜR KINDERGEBURTSTAGE

106–121

KIDS AN DEN HERD

122–131

KINDERDRINKS

132–139

INHALT

VORWORT *06–07*

ANKERKRAUT IN ZAHLEN *08–09*

IDAS & LIOS LIEBLINGSREZEPTE *10–25*

KOCHEN FÜR KINDER *26–49*

TIPPS UND TRICKS *36–37*

GRILLEN FÜR KINDER *50–63*

BACKEN FÜR KINDER *64–79*

KINDER-KÜCHEN GADGETS *74–75*

FÜR DIE BROTDOSE *80–93*

BROTDOSEN-HACKS *82–83*

SNACKS FÜR ZWISCHENDURCH *94–105*

FÜR KINDERGEBURSTAGE *106–121*

DIE PERFEKTE KINDERPARTY *112–113*

KIDS AN DEN HERD *122–131*

TISCHLEIN DECK DICH *125–126*

KINDER-DRINKS *132–139*

GEWÜRZREGISTER *140–141*

REZEPTVERZEICHNIS *142*

DANKSAGUNG *143*

IMPRESSUM *144*

LIEBE
(NACHWUCHS-)KÖCHE

Ich freue mich sehr, an dieser Stelle ein paar Worte zu unserem ersten Kinderkochbuch sagen zu dürfen:

Als ich von zu Hause ausgezogen bin, reichten meine Kochkünste gerade einmal für Spiegeleier und das Aufbacken von Fertigpizza. Viel mehr konnte und wollte ich nicht - Hauptsache schnell und nicht zu teuer war das Motto. Spätestens seit ich eigene Kinder habe, hat sich dies komplett geändert: gesund, ausgewogen, nachhaltig und – na klar – abwechslungsreich soll es sein. Für die Kinder eben nur das Beste!

Um meinen Nachwuchs nicht täglich mit Nudeln und Tomatensauce quälen zu müssen, bin ich als eher „unkreativer" Zahlenmensch auf Anleitung und Inspiration angewiesen und freue mich daher – wie ein kleines Kind – auf die leckeren Ankerkraut-Gerichte auf den nächsten Seiten. Darüber hinaus ist dieses Buch für mich eine Chance, meine Kinder in Zukunft in die Zubereitung mit einzubeziehen. So können sie sich nicht nur mit dem Thema Nahrung auseinandersetzen, sondern zugleich lernen, wieviel Gedanken und Zeit aber auch Liebe und Spaß in der Zubereitung von Mahlzeiten stecken. Mit unserem mittlerweile vierten herausgebrachten „Koch-Inspirations-Werk" haben wir uns auch einen Ankerkraut-Herzenswunsch erfüllt: Ein Kochbuch für die GANZE Familie! Wir hoffen, dass es nicht nur viele leckere Momente bereitet, sondern im besten Fall auch dazu dient, mehr Zeit mit euren Lieben zu verbringen und Spaß am Kochen erzeugt.

In diesem Sinne: Viel Spaß und Genuss!

Euer Alex
CFO bei Ankerkraut

ANKERKRAUT UPDATE

64
—KINDERREICH—

INSGESAMT HABEN DIE ANKERKRAUT MITARBEITER 64 KINDER. FÜR NACHWUCHS-TALENTE IST ALSO GESORGT.

—KINDERFREUNDLICH—

UNSER PIZZA-GEWÜRZ IST BEI DEN KLEINEN GANZ BESONDERS GROSS.

FEBRUAR 2020
Die Ankerkraut Bio-Linie kommt auf den Markt

APRIL 2020
Neuer Flagshipstore auf der Mönckebergstraße in Hamburg

APRIL 2020
Ankerkraut auf drei Standorte verteilt

JUNI 2020
250.000 Fans auf Facebook

Immer gold richtig

LIEBLINGS-GEWÜRZE NR. 1 UNTER KINDERN: UNSERE POMMES SALZE

Mit unseren Pommes Frites Salzen servierst du deinen Kindern ein leckeres Essen, für die du keine großen Überzeugungskünste aus dem Kochtopf zaubern musst. Denn unsere Salze lassen sich auch für Gemüsepommes aus dem Ofen und viele andere Kartoffel-Gerichte verwenden.

POMMES FRITES SALZ
Old, but gold! Wer die klassische Pommeswürze, die nach Sommertagen im Freibad schmeckt, heute immer noch feiert, wird bei unserem Pommessalz auf keinen Fall enttäuscht.

MEDITERRAN
Mit fünf mediterranen Kräutern schmeckt's wie im Urlaub am Meer! Schicke deine Kartoffelstäbchen auf eine Genussreise nach Italien.

INDISCH
Da wäre selbst Gandhi schwer beeindruckt! Mit schillernd gelbem Currypulver ist dieses Pommessalz das Richtige für Fans der indischen Küche.

SCHARF
Drop it like it's hot! Wenn deine Kinder mittlere Schärfe mögen und vertragen, werden sie bei diesem Pommessalz Feuer und Flamme sein

50 NEUE GEWÜRZE BRINGEN WIR DIESES JAHR AUF DEN MARKT.

Neu im Sortiment sind zum Beispiel: Ras el Hanout, Avocado Finisher, Bifteki Gewürz, Mediterrane Knoblauchbutter, Obst Finisher, Kartoffelsalat Gewürz, Spargel Finisher und Kraftbrühe. Somit wächst das Sortiment auf ca. 400 Ankerkraut-Produkte.

AUGUST 2020

Wir begrüßen EMZ Partners als unseren neuen Investor

SEPTEMBER 2020

Launch der Ankerkraut Saucen

SEPTEMBER 2020

100.000 Instagram Follower

NOVEMBER 2020

Das Ankerkraut Kidsbuch kommt auf den Markt

> „PIEP, PIEP, PIEP, WIR HABEN UNS ALLE LIEB."
>
> *Familie Lemcke*

Kategorie

IDAS & LIOS LIEBLINGSREZEPTE

— TIPP —

Ich mache mir da immer gerne noch die Rote Bete Chips (s. S. 99) drüber!

KÖNIGS-KLOPSE
MIT KARTOFFELPÜREE

70 MIN.   4 PORTIONEN

ZUTATEN

FÜR DIE KLOPSE

1 ZWIEBEL (50 G)
60 G BUTTER
2 SCHEIBEN TOASTBROT
500 G KALBSHACKFLEISCH
1 TL SENF MITTELSCHARF
1 EI (GRÖSSE M)
3 – 4 TL ANKERKRAUT BULETTEN UND FRIKADELLEN GEWÜRZ
1 L ANKERKRAUT GEMÜSEBRÜHE
30 G WEIZENMEHL
150 G SCHLAGSAHNE
3 – 4 TL KAPERN IM SUD (A. D. GLAS)
1 – 2 TL ZITRONENSAFT
ANKERKRAUT ROH-ROHRZUCKER

FÜR DAS KARTOFFELPÜREE

750 G MEHLIG KOCHENDE KARTOFFELN
180 ML MILCH
ANKERKRAUT MUSKATNUSS, GEMAHLEN
ANKERKRAUT MEERSALZ, FEIN
ANKERKRAUT SCHWARZER PFEFFER

1. Zwiebel schälen und in sehr kleine Würfel schneiden. 20 g Butter schmelzen und die Zwiebelwürfel darin 5 Minuten zugedeckt dünsten. Abkühlen lassen.

2. Das Toastbrot entrinden und 5 Minuten in kaltem Wasser einweichen. Das Hackfleisch in eine Schüssel geben. Toastbrot ausdrücken und sehr fein zerzupfen. Mit Senf, Ei, Buletten Gewürz und angedünsteten Zwiebelwürfeln zum Hackfleisch geben und alles verkneten.

3. Die Gemüsebrühe aufkochen. Mit feuchten Händen 12 kleine Klopse formen und in die siedende (nicht sprudelnd kochende) Brühe geben. Bei mittlerer Hitze etwa 15 Minuten ziehen lassen.

4. Die restliche Butter (40 g) schmelzen, das Mehl darin goldbraun anschwitzen. Die Sahne unter Rühren dazugeben und aufkochen. Von der Brühe 500 ml abschöpfen, durch ein Sieb schütten und nach und nach zur Sahnesauce geben und unterrühren. Abgetropfte Kapern dazugeben. Die Sauce 15 Minuten köcheln lassen, dabei gelegentlich umrühren.

5. Für das Kartoffelpüree die Kartoffeln waschen, schälen, abspülen und in grobe Würfel schneiden. Kartoffelwürfel in einen Topf geben, knapp mit Wasser bedecken, aufkochen und salzen. Milch in einem anderen Topf aufkochen und mit Muskatnuss würzen. Kartoffelwürfel in einem Sieb abtropfen lassen, dabei das Kochwasser auffangen. Die Kartoffelwürfel zur Milch geben und mit dem Kartoffelstampfer zerdrücken. Mit Salz und Pfeffer würzen. Nach Belieben etwas vom aufgefangenen Kartoffelwasser dazugeben.

6. Die Klopse mit der Schaumkelle aus dem Sud nehmen, abtropfen lassen und in die Sauce geben. Die Sauce mit Zitronensaft und Zucker abschmecken. Die Klopse mit Kartoffelpüree servieren.

— TIPP —

Und natürlich ganz viel geriebenen Käse oben drauf.

PANIERTE NUDELN
MIT TOMATENSALAT

40 MIN.   4 PORTIONEN

ZUTATEN

FÜR DIE NUDELN

350 G SPIRALNUDELN
ANKERKRAUT MEERSALZ, FEIN
3 – 4 TROCKENE BRÖTCHEN (ETWA 130 G)
3 EIER (GR. M)
1 – 2 TL ANKERKRAUT RÜHREI KRÄUTER GEWÜRZ
80 G BUTTERSCHMALZ

FÜR DEN SALAT

500 G MITTELGROSSE STRAUCHTOMATEN
2 TL ANKERKRAUT TOMATE-MOZZARELLA GEWÜRZ
3 – 4 TL DUNKLER BALSAMESSIG
3 EL OLIVENÖL
100 G GEMÜSEMAIS (A. D. DOSE)

1. Die Nudeln nach Packungsanleitung in Salzwasser bissfest kochen, anschließend in einem Sieb abtropfen und etwas abkühlen lassen.

2. Inzwischen die Brötchen auf der feinen Seite der Küchenreibe zu Bröseln verarbeiten oder im Standmixer zerkrümeln.

3. Für den Salat die Tomaten waschen, trocken tupfen, halbieren und die Stängelansätze entfernen. Die Tomaten in Scheiben schneiden und in eine Schüssel geben. Tomate-Mozzarella Gewürz, Balsamessig und Olivenöl unterheben. Den Gemüsemais in einem Sieb abspülen, abtropfen und zu den Tomatenscheiben geben. Den Salat 15 Minuten durchziehen lassen.

4. Die Eier mit Rührei Kräuter Gewürz in einer Schüssel verquirlen. Die Nudeln und die Brötchenbrösel unterheben und in 4 Portionen teilen. Für jede Portion etwas Butterschmalz in einer Pfanne erhitzen. Eine Portion Nudeln hineingeben, andrücken und bei niedriger bis mittlerer Hitze von beiden Seiten jeweils 3 – 4 Minuten goldbraun braten.

5. Die gebratenen Nudeln mit Tomatensalat servieren.

— TIPP —

Ich liebe Mamas Coleslaw aus fein geschnittenem Spitzkohl, dünnen Möhrenstreifen und Joghurt dazu.

CORDON BLEU
MIT SÜSSEN KARTOFFELN

 50 MIN.   4 PORTIONEN

ZUTATEN

FÜR DIE KARAMELL-KARTOFFELN

750 G KLEINE, FESTKOCHENDE KARTOFFELN (Z. B. DRILLINGE)
3 EL RAPSÖL
30 G ZUCKER
ANKERKRAUT MEERSALZ, FEIN
ANKERKRAUT PFEFFER-SYMPHONIE

FÜR DAS CORDON BLEU

4 SCHWEINESCHNITZEL (JE 120 G)
4 DÜNNE SCHEIBEN GEKOCHTER SCHINKEN (JE 40 G)
4 SCHEIBEN MITTELALTER GOUDA (JE 30 G)
2 EL ANKERKRAUT MAGIC DUST
2 EIER (GR. M)
2 EL SCHLAGSAHNE
60 G WEIZENMEHL
150 G PANIERMEHL
100 G BUTTERSCHMALZ
1 BIO-ZITRONE

AUSSERDEM

ETWA 8 KLEINE HOLZSTÄBCHEN

1. Die Kartoffeln waschen, abtropfen lassen und in Wasser garen. Anschließend mit kaltem Wasser abspülen, pellen und abkühlen lassen. Das Öl in einer Pfanne erhitzen, die Kartoffeln darin bei niedriger Hitze gleichmäßig braten.

2. Inzwischen die Schnitzel mit Küchenpapier abtupfen. Die Scheiben einzeln zwischen zwei Lagen eines aufgeschnittenen Gefrierbeutels legen und mit einem Fleischklopfer oder Stieltopf etwas flacher klopfen. Jedes Schnitzel mit einer Scheibe Schinken und einer Scheibe Gouda belegen und zur Hälfte quer überklappen. Die offenen Seiten mit den Holzstäbchen fixieren. Das Fleisch von beiden Seiten mit Magic Dust einreiben.

3. Eier und Sahne in einem tiefen Teller verquirlen. Mehl und Paniermehl getrennt auf zwei tiefe Teller geben. Die Fleischpäckchen nacheinander in Mehl, Eiersahne und anschließend in Paniermehl wenden. Das Butterschmalz in einer großen Pfanne erhitzen, die Fleischpäckchen darin von beiden Seiten etwa 5 Minuten bei niedriger bis mittlerer Hitze goldbraun braten. Anschließend die Cordon Bleu kurz auf Küchenpapier abtropfen lassen.

4. Die Kartoffeln mit Zucker bestreuen und weiter 5 Minuten braten, bis der Zucker schmilzt, dabei die Kartoffeln immer wieder wenden. Die Zitrone heiß abwaschen, trocken tupfen und in Scheiben schneiden. Die Kartoffeln mit Meersalz und Pfeffer-Symphonie würzen. Das Cordon Bleu mit den Kartoffeln und Zitronenscheiben anrichten.

— TIPP —

Papa packt da immer noch 150 g in dünne Streifen geschnittenen gekochten Schinken zu.

RISIBISI

25 MIN.   4 PORTIONEN

ZUTATEN

3 SCHALOTTEN (100 G)
2 EL OLIVENÖL
250 G RISOTTOREIS, Z. B. ARBORIO ODER VIALONE
750 ML ANKERKRAUT GEMÜSEBRÜHE
200 G TK-ERBSEN
1 – 2 TL ANKERKRAUT SALATGEWÜRZ GARTENKRÄUTER
30 G BUTTER
60 G GERIEBENER PARMESAN KÄSE
ANKERKRAUT MEERSALZ, FEIN

1. Die Schalotten schälen und in kleine Würfel schneiden. Das Öl in einem Topf erhitzen, die Schalotten darin glasig dünsten. Dann den Reis dazugeben, kurz anschwitzen und mit einem Teil der Brühe ablöschen.

2. Den Reis im offenen Topf bei mittlerer Hitze etwa 12 Minuten quellen lassen, dabei nach und nach die restliche Brühe unterrühren.

3. Wenn der Reis noch bissfest ist, die tiefgekühlten Erbsen und das Salatgewürz dazugeben. Die Erbsen etwa 3 Minuten garen. Zum Schluss die Butter und den geriebenen Käse unterheben. Den Reis mit Salz abschmecken.

LACHSSEITE
MIT OFEN-KARTOFFELN UND SALATEN

50 MIN.   4 - 6 PORTIONEN

ZUTATEN

FÜR LACHS UND KARTOFFELN

1 SEITE LACHS, MIT HAUT (1,2 KG)
2 – 3 TL ANKERKRAUT GRAVED LACHS GEWÜRZ
1 KG KLEINE FESTKOCHENDE KARTOFFELN (DRILLINGE)
2 EL OLIVENÖL
2 EL ANKERKRAUT ROSMARINSALZ

FÜR DIE SALATE

JE 1 ROTE, GELBE UND GRÜNE PAPRIKASCHOTE (500 G)
1 EL WEISSWEINESSIG
1 TL ANKERKRAUT ROH-ROHRZUCKER
1 TL ANKERKRAUT MEERSALZ, FEIN
2 EL OLIVENÖL
1 SALATGURKE
1 – 2 TL ANKERKRAUT GURKENSALAT GEWÜRZ
1 EL RAPSÖL

FÜR DEN DIP

400 G SCHMAND
1 – 2 TL ANKERKRAUT ZITRONENFLOCKENSALZ

1. Den Lachs mit Küchenpapier abtupfen. Die Gräten mit einer Pinzette entfernen. Den Lachs auf der Fleischseite mit Graved Lachs Gewürz einreiben und zugedeckt kühl stellen. Den Backofen auf Ober-/ Unterhitze 200 °C vorheizen. Die Kartoffeln gründlich waschen, eventuell schrubben und in einem Sieb abtropfen lassen.

2. Für den Paprikasalat die Schoten waschen, vierteln, entkernen, und quer in Streifen schneiden. Die Streifen mit dem Essig, Roh-Rohrzucker, Meersalz und Olivenöl mischen und durchziehen lassen.

3. Die Saftpfanne des Backofens mit Backpapier belegen. Die Kartoffeln halbieren, auf das Backpapier legen und mit Olivenöl und Rosmarinsalz mischen. Die Saftpfanne in den Ofen schieben. Die Kartoffeln 10 Minuten vorgaren.

4. Inzwischen für den Gurkensalat die Gurke waschen, trocken tupfen und auf dem Gurkenhobel in dünne Scheiben schneiden. Die Gurkenscheiben mit Gurkensalat Gewürz und dem Rapsöl mischen und durchziehen lassen.

5. Die Saftpfanne mit den Kartoffeln aus dem Ofen nehmen. Die Kartoffeln auf eine Seite schieben. Den Lachs mit der Hautseite nach unten auf den freien Platz legen. Die Saftpfanne wieder in den Backofen schieben. Die Backofentemperatur auf 160 °C reduzieren. Den Lachs etwa 25 Minuten garen.

6. Für den Dip Schmand und Zitronenflockensalz verrühren und abschmecken.

7. Die Salate mit den entsprechenden Gewürzen nochmals abschmecken. Den Lachs aus dem Ofen nehmen und mit den Kartoffeln und dem Dip servieren.

ZITRONEN-HIMBEER-TIRAMISU

40 MIN.   4 PORTIONEN

ZUTATEN

200 G TK-HIMBEEREN
2 BIO-ZITRONEN
350 G MASCARPONE
25 G ANKERKRAUT KOKOSBLÜTENZUCKER
1 PCK. SAHNEFESTIGER
150 G VOLLMILCHJOGHURT
1 – 2 EL ZUCKER
200 G LÖFFELBISKUITS
125 G HIMBEEREN ZUM GARNIEREN

AUSSERDEM

1 GROSSER GEFRIERBEUTEL
1 KASTENFORM (25 X 11 CM)

1. Die Himbeeren auftauen lassen. Den Gefrierbeutel an den Längsseiten aufschneiden und in die Form legen, überstehende Folie nicht abschneiden.

2. Die Zitronen heiß abwaschen und trocken tupfen. Die Schale einer Zitrone fein abreiben. Beide Zitronen halbieren und auspressen. Den Mascarpone mit dem Mixer (Rührbesen) schaumig schlagen. Kokosblütenzucker, Sahnefestiger und Zitronenschale mit dem Joghurt mischen und zusammen unter den Mascarpone rühren. Die Creme mit Zitronensaft abschmecken.

3. Die aufgetauten Himbeeren durch ein feines Sieb streichen. Das Himbeermark mit dem Zucker verrühren.

4. Eine Lage Löffelbiskuits der Länge nach, mit der Zuckerseite nach unten, in die Form legen. Falls nötig, einige Löffelbiskuits mit einem Sägemesser passend schneiden. Ein Drittel des Himbeermarks auf die Löffelbiskuits verteilen und glatt streichen. Darauf ein Drittel der Mascarponecreme verteilen. Die übrigen Löffelbiskuits, das restliche Himbeermark und die restliche Creme auf die gleiche Weise einschichten. Die überstehende Folie über das Tiramisu legen. Die Form für mindestens 2 Stunden in den Kühlschrank stellen.

5. Die frischen Himbeeren verlesen. Das Tiramisu aus der Form auf ein Schneidbrett stürzen, mit einem Sägemesser in Scheiben schneiden und auf Teller verteilen. Die Schale der übrigen Zitrone fein abreiben. Das Tiramisu mit Himbeeren und geriebener Zitronenschale garnieren.

— TIPP —

Anstelle der Apfelringe macht Mama auch manchmal Pfirsich- oder Nektarinenspalten oben drauf.

KLEINE APFEL-PFANNKUCHEN

30 MIN.   12 PFANNKUCHEN

ZUTATEN

175 G DINKELMEHL (TYPE 630)
100 G DINKELVOLLKORNMEHL
1 EL ANKERKRAUT APFEL-ZIMT PORRIDGEGEWÜRZ
2 EL ANKERKRAUT ROH-ROHRZUCKER
1 TL BACKPULVER
½ TL ANKERKRAUT MEERSALZ, FEIN
300 ML VOLLMILCH
3 EIER (GRÖSSE M)
50 G BUTTER
2 ROTE ÄPFEL (JE ETWA 150 G)
1 TL ZITRONENSAFT
150 G SCHMAND
1 – 2 EL FLÜSSIGER HONIG
50 ML RAPSÖL

AUSSERDEM

1 APFELAUSSTECHER

1. Für den Teig die Mehle, Apfel-Zimt Porridgegewürz, Roh-Rohrzucker, Backpulver und Meersalz fein in einer Schüssel mischen.

2. Die Milch und die Eier nach und nach unterrühren. Die Butter schmelzen und unterrühren. Den Teig 10 Minuten ruhen lassen. Inzwischen die Äpfel waschen und trocken tupfen. Die Kerngehäuse mit dem Ausstecher entfernen. Die Äpfel in etwa ½ cm dicke Scheiben schneiden und mit Zitronensaft beträufeln. Schmand und Honig verrühren.

3. Etwas Rapsöl in einer Pfanne erhitzen. Für jeden Pfannkuchen 2 Esslöffel Teig in die Pfanne geben, jeweils einen Apfelring darauf legen. Wenn die Pfannkuchen am Rand braun werden, die Pfannkuchen wenden und fertig backen. Auf diese Weise insgesamt 12 kleine Pfannkuchen backen.

4. Die warmen Pfannkuchen mit Apfel-Zimt Porridgegewürz bestreuen und mit dem Honig-Schmand servieren.

„ESSEN GUT, ALLES GUT."

Yummi!

Kategorie

KOCHEN FÜR KINDER

GEMÜSE-PUFFER
MIT GURKENQUARK

50 MIN. 4 PORTIONEN

ZUTATEN

FÜR DEN GURKENQUARK

1 SALATGURKE
250 G MAGERQUARK
250 G SPEISEQUARK (40 % FETT)
½ – 1 TL ANKERKRAUT QUARKGEWÜRZ GARTENKRÄUTER

FÜR DIE GEMÜSEPUFFER

1 ZWIEBEL (50 G)
300 G MÖHREN
250 G KOHLRABI
200 G KARTOFFELN
70 G KERNIGE HAFERFLOCKEN
2 TL SPEISESTÄRKE
2 TL ANKERKRAUT AUFLAUF GEWÜRZ
2 EIER (GR. M)
5 EL OLIVENÖL

1. Für den Quark die Salatgurke abspülen und trocken tupfen. Die Gurke in der Mitte quer durchschneiden und eine Hälfte beiseite legen. Die andere Hälfte längs halbieren, mit einem Teelöffel entkernen, auf der Haushaltsreibe grob raspeln. Einen Esslöffel Raspel zum Garnieren beiseite legen, den Rest unter den Quark rühren und mit Quarkgewürz abschmecken. Den Gurkenquark kühl stellen.

2. Den Backofen auf 120 °C Ober-/Unterhitze vorheizen. Für die Puffer die Zwiebel schälen und in kleine Würfel schneiden. Möhren, Kohlrabi und Kartoffeln waschen, schälen und auf der Haushaltsreibe grob raspeln. Die Gemüseraspel mit Haferflocken, Speisestärke, Auflauf Gewürz und den Eiern vermengen.

3. Etwas Öl in einer großen Pfanne erhitzen. Für jeden Puffer 2 Esslöffel Gemüsemasse in die Pfanne geben und bei niedriger bis mittlerer Hitze 2 – 3 Minuten von beiden Seiten goldbraun braten. Die Puffer kurz auf Küchenpapier abtropfen lassen, anschließend auf einem mit Backpapier belegten Backblech im vorgeheizten Backofen warmhalten.

4. Die beiseite gelegte Gurkenhälfte mit einem Rettich- oder Spiralschneider in eine Spirale schneiden und in 4 Portionen teilen. Die Gemüsepuffer mit dem Quark, restlichen Gurkenraspeln und den Gurkenspiralen anrichten.

— TIPP —

Aus Gurkenstücken kann man noch Mund, Augen und Luftblasen ausschneiden.

FLOCKEN-FISCHE
MIT GURKEN-MANGO-SALAT

50 MIN.   4 PORTIONEN

ZUTATEN

FÜR DEN SALAT

1 SALATGURKE (400 G)
1 REIFE MANGO (600 G)
2 – 3 TL ANKERKRAUT GURKENSALAT GEWÜRZ
2 – 3 EL ZITRONENSAFT
3 EL RAPSÖL

FÜR DEN FISCH

500 G FISCHFILET, Z. B. KABELJAU ODER SEELACHSFILET
50 G WEIZENMEHL
120 G PANKO (GETR. BROTKRUMEN, ERSATZWEISE PANIERMEHL)
2 EIER (GR. M)
3 TL ANKERKRAUT NORDIC FISH
8 EL RAPSÖL
1 BIO-ZITRONE

AUSSERDEM

250 G VORGEGARTE WEIZENKÖRNER ODER GERSTENGRAUPEN

1. Für den Salat die Gurke waschen und trocken tupfen. Die halbe Gurke schälen. Die Gurke der Länge nach halbieren, die Kerne mit einem Löffel herauskratzen und die Hälften in Scheiben schneiden.

2. Die Mango schälen, das Fruchtfleisch vom Stein schneiden und in Würfel schneiden. Mangowürfel und Gurkenscheiben in eine Schüssel geben und mit Gurkensalat Gewürz, Zitronensaft und Öl vermengen. Den Salat durchziehen lassen.

3. Vorgegarte Weizen- oder Gerstengraupen nach Packungsanweisung kochen.

4. Das Fischfilet trocken tupfen und mit einer Pinzette eventuell vorhandene Gräten entfernen. Das Fischfilet in 4 Dreiecke schneiden. Mehl und Panko auf jeweils einen Teller geben. Eier in einen tiefen Teller geben und mit Nordic Fish verquirlen. Die Fischstücke erst im Mehlgemisch wenden, danach in verquirltes Ei tauchen und zum Schluss in Panko oder Paniermehl wenden und leicht andrücken.

5. Das Öl in einer großen Pfanne erhitzen. Die Fischstücke darin bei mittlerer Hitze 2 – 3 Minuten von jeder Seite goldbraun braten. Weizen oder Gerstengraupen abtropfen lassen. Die Zitrone heiß abwaschen, trocken tupfen und in Scheiben schneiden.

6. Die Fischstücke kurz auf Küchenpapier, dann auf Teller legen. Aus Salat und gegartem Getreide einen Körper zu den Fischstücken formen, aus Zitronenscheiben die Schwanzflossen legen. Jeden "Fischkörper" zusätzlich mit etwas Gurkensalat Gewürz bestreuen.

— TIPP —

Vor dem Braten mit einem kleinen Messer ein kleines Gesicht in die Würstchen schneiden.

KARTOFFEL-SUPPE
MIT WÜRSTCHEN-KRAKEN

50 MIN.   4 PORTIONEN

ZUTATEN

1 ZWIEBEL (50 G)
700 G MEHLIG KOCHENDE KARTOFFELN
1 BUND SUPPENGRÜN (500 G, SELLERIE, MÖHREN, LAUCH, PETERSILIE)
3 EL RAPSÖL
30 G GEWÜRFELTER BACON
1 L ANKERKRAUT GEMÜSEBRÜHE
1 – 2 TL ANKERKRAUT KARTOFFELSALAT GEWÜRZ
8 KURZE WÜRSTCHEN (JE ETWA 6 CM LÄNGE)

1. Die Zwiebel schälen und in Würfel schneiden. Kartoffeln und Suppengrün waschen und abtropfen lassen. Sellerie und Möhren schälen und in etwa 1 cm große Würfel schneiden. Kartoffeln schälen, abspülen und in etwa 2 cm große Würfel schneiden.

2. Zwei Esslöffel Öl in einem Topf erhitzen, den Bacon darin leicht anbraten, die Zwiebelwürfel dazugeben und anschwitzen. Gewürfelte Möhren, Sellerie und Kartoffeln dazugeben und mit Brühe auffüllen. Das Ganze aufkochen, dann bei mittlerer Hitze zugedeckt etwa 10 Minuten köcheln lassen.

3. Inzwischen den Lauch in dünne Ringe schneiden. Die Petersilienblätter von den Stielen zupfen und grob zerschneiden. Den Lauch und 1 Teelöffel Kartoffelsalat Gewürz in die Suppe geben.

4. Für die Würstchenkraken von den Würstchen jeweils ein Ende dünn abschneiden. Die Schnittfläche der Würstchen viermal über Kreuz, jeweils 2 – 3 cm tief einschneiden. Das restliche Öl (1 Esslöffel) in einer kleinen Pfanne erhitzen. Die Würstchen mit der Schnittseite nach unten hineinstellen und bei niedriger bis mittlerer Hitze braten.

5. Mit der Schaumkelle 2 Portionen Gemüse aus der Suppe nehmen und beiseite stellen. Die Suppe mit dem Pürierstab grob pürieren und mit Kartoffelsalat Gewürz abschmecken. Das beiseite gestellte Gemüse wieder in die Suppe geben. Die Suppe aufkochen lassen und mit den Würstchen-Kraken anrichten.

— TIPP —

Es lohnt sich, die doppelte Menge Köttbullar herzustellen. Wenn sie abgekühlt sind, können sie – in Dosen verpackt – eingefroren werden.

KÖTTBULLAR
IM MÖHREN-KARTOFFEL-KRATER

80 MIN.   4 – 6 PORTIONEN

ZUTATEN

FÜR DIE KÖTTBULLAR

1 ZWIEBEL (50 G)
20 G BUTTER
500 G GEMISCHTES HACKFLEISCH
4 EL MILCH
1 EI (GR. M)
3 EL PANIERMEHL
1 – 2 EL ANKERKRAUT KÖTTBULLAR GEWÜRZ
2 EL RAPSÖL

FÜR DIE SAUCE

40 G BUTTER
30 G MEHL
400 ML MILCH
100 G SCHLAGSAHNE
150 ML ANKERKRAUT GEMÜSEBRÜHE
1 ANKERKRAUT LORBEERBLATT
1 – 2 EL SOJASAUCE
2 – 3 EL WILDPREISELBEEREN (A.D. GLAS)

FÜR DEN KRATER

500 G MÖHREN
400 G MEHLIG KOCHENDE KARTOFFELN
ANKERKRAUT MEERSALZ, FEIN
125 ML MILCH

FÜR DIE KRÜMEL

1 SCHEIBE TOASTBROT
10 G BUTTER

1. Für die Köttbullar die Zwiebel schälen, in kleine Würfel schneiden und in der Butter zugedeckt bei niedriger Hitze 5 Minuten dünsten. Das Hackfleisch, Milch, Ei, Paniermehl und 1 Esslöffel Köttbullar Gewürz in eine Schüssel geben, die Zwiebeln dazugeben. Die Zutaten zu einem glatten Teig verkneten und mit Köttbullar Gewürz abschmecken. Mit nassen Händen etwa 20 Köttbullar formen und auf einen Teller legen.

2. Für die Sauce die Butter in einem Topf schmelzen. Das Mehl darin anschwitzen und nach und nach die Milch, die Sahne und Gemüsebrühe unterrühren und aufkochen. Das Lorbeerblatt dazugeben. Die Sauce 10 Minuten köcheln lassen, dann warmhalten.

3. Für den "Krater" die Möhren und die Kartoffeln schälen, abspülen und abtropfen lassen. Die Kartoffeln in grobe Würfel, die Möhren in Scheiben schneiden. Zusammen in einen Topf geben, knapp mit Wasser bedecken und aufkochen. Das Gemüse salzen und zugedeckt bei niedriger Hitze etwa 15 Minuten garen, bis das Gemüse weich, aber nicht zerkocht ist.

4. Das Öl in einer großen Pfanne erhitzen. Die Köttbullar darin bei niedriger bis mittlerer Hitze etwa 10 Minuten braten. Dabei die Köttbullar zwischendurch wenden.

5. Möhren und Kartoffeln abgießen, dabei etwas von der Flüssigkeit auffangen. Die Milch aufkochen, das Gemüse dazugeben und grob zerstampfen, eventuell etwas Kochflüssigkeit dazugeben. Mit Meersalz abschmecken. Das Püree warmhalten.

6. Das Toastbrot zerkrümeln und in der Butter in einer kleinen Pfanne rösten. Das Lorbeerblatt aus der Sauce nehmen. Die Sauce mit Sojasauce abschmecken und mit dem Pürierstab aufschäumen.

7. Das Püree kraterartig auf Tellern anrichten. Die Köttbullar in die "Krater" füllen. Etwas Sauce und etwas von den Wildpreiselbeeren darauf geben. Zum Schluss die gerösteten Brösel auf den "Krater" streuen.

TIPPS & TRICKS

ZAUBER-GEMÜSE

AM MITTAGSTISCH SIND BLUMENKOHL UND CO LEIDER OFT UNBELIEBTE GÄSTE AUF DEN TELLERN DER KLEINEN. LIEBLOS WERDEN SIE MIT DER GABEL AN DEN TELLERRAND GESCHOBEN, ÜBRIGGELASSEN ODER AUSSORTIERT. DABEI MEINT DAS GEMÜSE ES DOCH NUR GUT UND HAT ECHT GANZ FAMOSE INNERE WERTE! UM DER GEMÜSE-DISKUSSION AUS DEM WEG ZU GEHEN, KANNST DU DEN KINDERN ES AUCH EINFACH HEIMLICH UNTERJUBELN: KAROTTEN LASSEN SICH Z. B. GUT ALS HACKFLEISCH IN DER BOLOGNESE SAUCE TARNEN, WENN SIE IN DER GLEICHEN GRÖSSE KLEINGEHÄCKSELT WERDEN.

DIY — CHIPS

Gemütlicher Fernsehabend? Die kleinen Krümelmonster vertilgen dabei allerdings die Tüte Chips im Nullkommanichts. Als Alternative zu den herkömmlichen Industrie-Snacks könnt ihr doch mal zusammen leckere Gemüse- und Kartoffelchips selbst herstellen. Das macht Spaß, ist lecker und die Kleinen können ungestört vor sich hinknuspern.

POMMES-SWAP

GESUND SNACKEN — GESUND SNACKEN

Fake it till you make it! Pommes mit Ketchup gehören zu den All-Time-Favs unserer Kleinen, sind aber auch nur mittelmäßig gut dafür geeignet, regelmäßig serviert zu werden. Statt der frittierten Kartoffelstäbchen kannst du Apfelpommes mit Erdbeersauce auf den Tisch zaubern: sie sehen toll aus, schmecken im Sommer besonders lecker und sind schnell zubereitet.

WIESO SEHEN DIE FAMILIEN IN DER FERNSEHWERBUNG BEIM GEMEINSAMEN KOCHEN IMMER SO AUS, ALS HÄTTEN SIE EINEN GLÜCKSBÄRCHI VERSCHLUCKT? TOTAL ENTSPANNT UND MIT STRAHLEND WEISSER KLEIDUNG OHNE KLECKEREIEN DRAUF... DA KANN DOCH ETWAS NICHT STIMMEN – ODER DOCH? DAMIT EURE NÄCHSTE KÜCHENSESSION AUCH ZUM KOCHSPASS WIRD, FINDEST DU HIER TIPPS UND TRICKS, DIE VON UNS NATÜRLICH AUF ALLTAGSTAUGLICHKEIT GETESTET WURDEN.

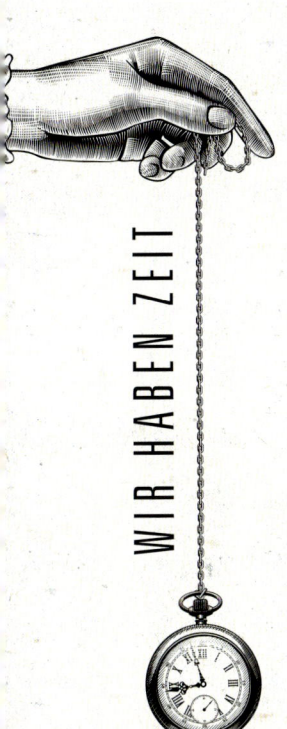

WIR HABEN ZEIT

UM DEIN STRESSLEVEL BEIM GEMEINSAMEN KOCHEN VON VORNHEREIN UNTER KONTROLLE ZU HABEN, IST DIE ERSTE GOLDENE REGEL: ZEIT! WENN DU MIT DEINEN KINDERN KOCHST, DAUERT ZU BEGINN ALLES LÄNGER. NIMM DIR AUSREICHEND ZEIT, IHNEN ZU ERKLÄREN WIE MAN MIT MESSER, SPARSCHÄLER UND RASPEL UMGEHT. DAS FÖRDERT IHR VERANTWORTUNGSBEWUSSTSEIN UND DIE MOTORISCHEN FÄHIGKEITEN.

– Die – BESSER MESSER

Scharfe Messer sind wohl neben der heißen Herdplatte die größte Gefahrenquelle für Kinder in der Küche. Um sicherzugehen, dass es am Ende keine Verletzten gibt, legst du die scharfen Messer besser beiseite und gibst den Kleinen stumpfe Messer oder gleich Kindermesser. Bevor das große Schnippeln losgehen kann, übt zusammen den „Krallengriff". Dazu die Finger gekrümmt auf das Gemüse legen, sodass die Fingerkuppen nach oben in die Handinnenfläche zeigen. Jetzt kann das Messer an den Fingern entlanggleiten, ohne dass sich jemand verletzt.

„ SPRÜCHE KLOPFER "

Butter bei die Fische! Kennt ihr eigentlich die wahre Bedeutung von Sprichwörtern und Redewendungen? Viele von ihnen verwenden wir ganz natürlich im Alltag, dabei sind sie früher in einem ganz anderen Kontext entstanden. Erwachsene verwenden bis zu 20 Redewendungen pro Tag, ohne dass sie es merken. Da wird ja der Hund in der Pfanne verrückt! Wenn der Hunger da und das Essen noch nicht fertig ist, möchte man am liebsten rufen: Leg mal einen Zahn zu! Aber woher kommt diese Redewendung eigentlich? Früher, als noch über offenem Feuer gekocht wurde, konnte man mithilfe einer Metallkonstruktion den Kessel an Zacken, auch Zähne genannt, befestigen. Wenn man den Kessel tiefer, also näher am Feuer, einhängte, legte man einen Zahn zu. Der Kessel wurde in kurzer Zeit heiß und somit das Essen schneller fertig.

– REGELWERK –

Beim Kochen mit Kindern braucht es Regeln, um Chaos und potentielle Unfälle zu vemeiden.
Nr. 1: Mama und Papa haben das Kommando!
Nr. 2: Messer sind Kochutensilien und kein Spielzeug, also nicht wild damit rumfuchteln.
Nr. 3: (vor allem für Erwachsene): Spaß haben, entspannt bleiben und Fünfe gerade sein lassen.

— TIPP —

Am liebsten esse ich dazu Kartoffelknödel.

RINDER-WÜRSTCHEN-GULASCH

100 MIN.   **4 - 6 PORTIONEN**

ZUTATEN

1 KG RINDFLEISCH FÜR GULASCH
600 G ZWIEBELN
4 EL RAPSÖL
3 EL TOMATENMARK
2 – 3 EL ANKERKRAUT GULASCH GEWÜRZ
200 G ROSA CHAMPIGNONS
200 G UNGEBRÜHTE FEINE BRATWURST
ANKERKRAUT MEERSALZ, FEIN
ANKERKRAUT ROH-ROHRZUCKER

1. Das Fleisch in etwa 3 cm große Würfel schneiden. Die Zwiebeln schälen, halbieren und in Streifen schneiden. Das Fleisch in 3 Portionen in jeweils 1 Esslöffel Öl in einem Schmortopf rundherum anbraten. Wenn die 3. Portion angebraten ist, das Tomatenmark zur dritten Fleischportion geben und kurz anrösten. Dann mit 600 ml Wasser ablöschen.

2. Das übrige angebratene Fleisch wieder in den Topf geben und mit Gulasch Gewürz würzen. Die Zwiebelstreifen auf das Fleisch legen, nicht umrühren. Das Gulasch im geschlossenen Topf, bei niedriger bis mittlerer Hitze, etwa 80 Minuten schmoren. Gelegentlich kontrollieren.

3. Etwa 15 Minuten vor Ende der Garzeit die Champignons putzen, mit Küchenpapier abreiben und je nach Größe halbieren oder vierteln. Die Champignons im restlichen Öl in einer Pfanne rundherum anbraten. Die Champignons zum Fleisch geben und unterrühren.

4. Das Brät mit zwei Fingern aus dem Wurstdarm schieben, zu Klößen formen, zum Fleisch in den Topf geben und darin etwa 5 Minuten garziehen lassen. Das Gulasch mit Gulasch Gewürz, Meersalz und Roh-Rohrzucker abschmecken.

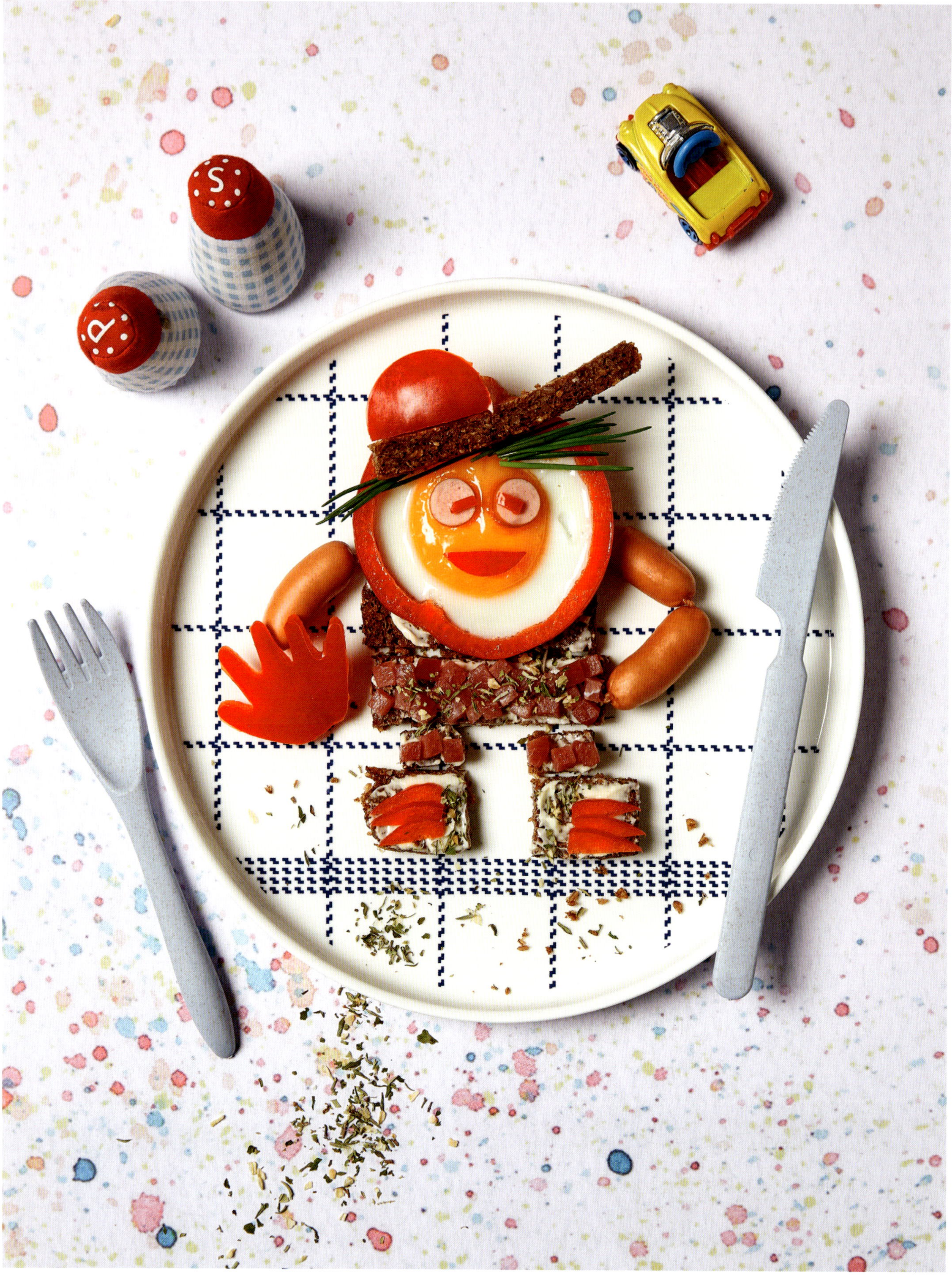
S
P

LACHENDER MAX

⏱ 40 MIN.   ✖ 4 PORTIONEN

ZUTATEN

5 RECHTECKIGE SCHEIBEN VOLLKORNBROT
40 G BUTTER
1 – 2 TL ANKERKRAUT RÜHREI KRÄUTER GEWÜRZ
100 G GEWÜRFELTER KATENSCHINKEN
2 ROTE PAPRIKASCHOTEN
½ BUND SCHNITTLAUCH
4 EIER (GR. M)
18 MINIWÜRSTCHEN (WÜRSTCHENKETTE A.D. GLAS)

AUSSERDEM

1 KEKSAUSSTECHER FÜR HÄNDE (ETWA 3 CM GROSS)

1. 4 Brotscheiben mit der kurzen Seite nach unten auf das Schneidbrett legen. Vom unteren Drittel einer Scheibe jeweils 4 kleine Stücke für "Beine" und "Füße" abschneiden. Alle Teile der Brotscheiben dünn mit Butter bestreichen, mit Rührei Kräuter Gewürz bestreuen und auf 4 Teller legen. Den Schinken auf "Bauch" und "Beine" verteilen.

2. Für den "Kopf" die Paprikaschoten waschen. Aus der Mitte der größeren Schote 4 etwa 1 cm dicke Ringe schneiden und entkernen. Die Paprikareste beiseite legen.

3. Den Schnittlauch abspülen und trocken tupfen. Die restliche Butter in einer Pfanne erhitzen, die 4 Paprikaringe hineinlegen. In jeden Ring ein aufgeschlagenes Ei geben. Die Eier bei niedriger bis mittlerer Hitze etwa 5 Minuten braten.

4. Inzwischen aus den Paprikaresten 4 "Hände", kurze Paprikastreifen für die "Füße" und 4 Halbkreise (4 cm groß) für die "Mütze" ausschneiden. Aus der übrigen Brotscheibe 4 etwa 1 cm breite Querstreifen für den Schirm der „Mütze" ausschneiden. Außerdem 4 "Münder" und 8 kurze Streifen für die "Augen" ausschneiden. Aus 2 Würstchen 8 Scheiben für die "Augen" schneiden. Für die "Arme" je zwei zusammenhängende Würstchen auf einer Längsseite flach schneiden.

5. Die fertig gebratenen Eier mit einem Pfannenwender auf die Brote legen. Für die "Haare" die Schnittlauchhalme passend schneiden. Alle zugeschnittenen Teile an die dafür vorgesehenen Stellen legen.

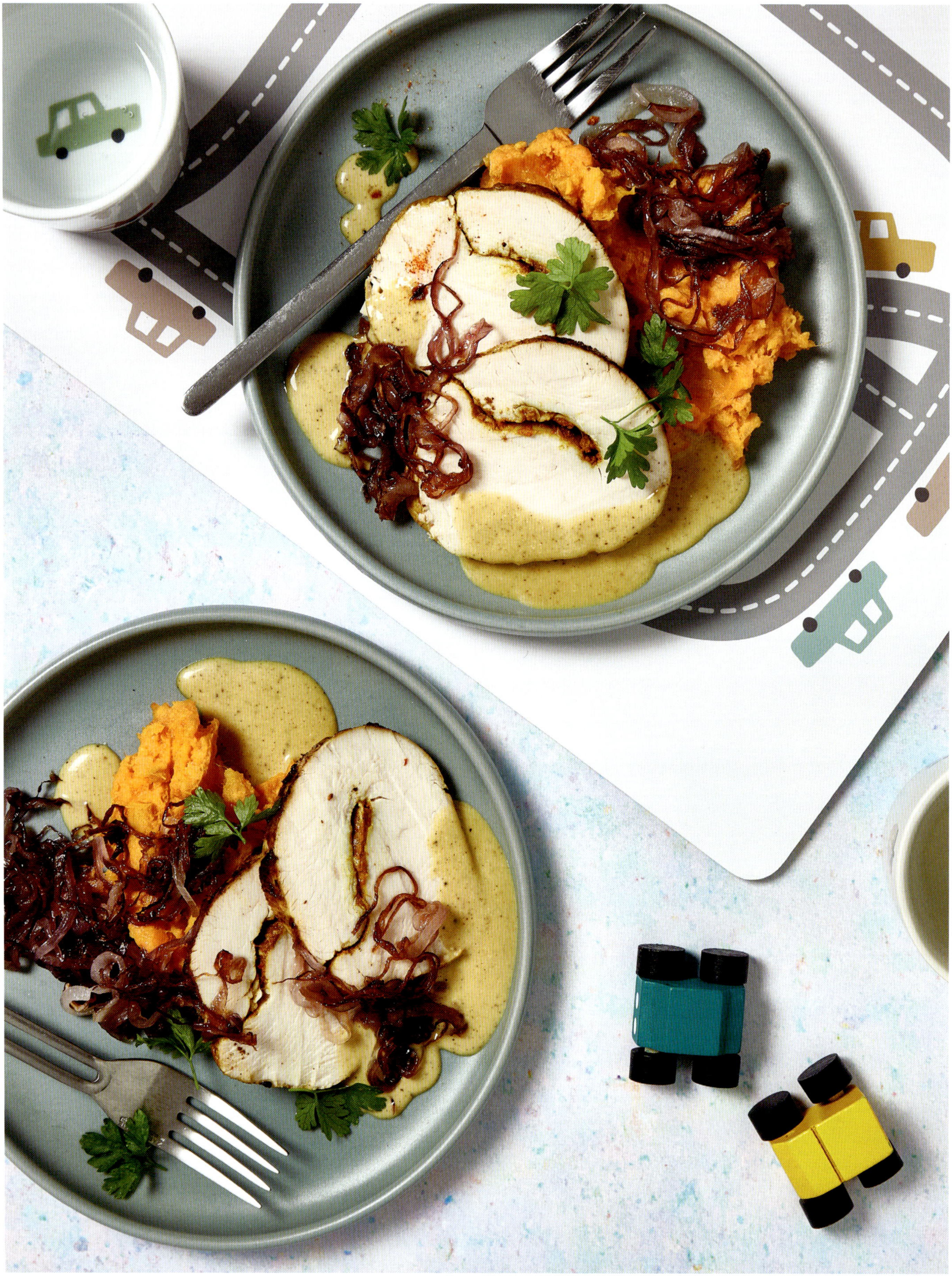

MARINIERTE PUTENBRUST
MIT SÜSSKARTOFFELPÜREE

90 MIN.   4 – 6 PORTIONEN

ZUTATEN

1 KG PUTENBRUST IM STÜCK
3 – 4 EL ANKERKRAUT BOMBAY CHICKEN
400 G SCHLAGSAHNE
5 EL RAPSÖL
200 ML ANKERKRAUT GEMÜSEBRÜHE
300 G ROTE ZWIEBELN
1,5 KG SÜSSKARTOFFELN
2 TL SPEISESTÄRKE
1 – 2 EL TOMATENMARK
5 EL VOLLMILCH
1 – 2 EL ANKERKRAUT SÜSSKARTOFFELSALZ
EINIGE STÄNGEL PETERSILIE

1. Das Fleisch mit Küchenpapier abtupfen und in eine flache Form legen. 3 Esslöffel Ankerkraut Bombay Chicken mit 100 g Sahne verrühren, das Fleisch damit einstreichen und zugedeckt mindestens 4 Stunden marinieren. Zwischendurch einmal wenden.

2. Den Backofen auf Ober-/ Unterhitze 160 °C vorheizen. 3 Esslöffel Öl in einem Bräter erhitzen, das Fleisch darin bei mittlerer Hitze rundherum anbraten, nicht zu heiß, damit die Marinade nicht verbrennt. Die Brühe in den Bräter geben. Das Fleisch etwa 80 Minuten im vorgeheizten Backofen garen, dabei zwei bis dreimal wenden.

3. Etwa 30 Minuten vor Ende der Garzeit die Zwiebeln schälen und auf dem Gemüsehobel in dünne Ringe schneiden. Die Süßkartoffeln schälen, abspülen und in große Würfel schneiden. 250 ml Wasser aufkochen. Die Kartoffelwürfel darin etwa 20 Minuten bei schwacher Hitze zugedeckt garen. Die Zwiebelringe im restlichen Öl (2 Esslöffel) bei schwacher Hitze 15 Minuten braten.

4. Nach Ende der Garzeit den Ofen ausschalten. Das Fleisch aus dem Bräter nehmen und zugedeckt auf einer Platte im Ofen warmhalten. Die restliche Sahne in den kochenden Sud geben und aufkochen. Die Stärke mit 2 Esslöffel Wasser verrühren, in den kochenden Sud geben und aufkochen. Mit Ankerkraut Bombay Chicken und Tomatenmark abschmecken. Die Sauce warmhalten.

5. Das Fleisch in Scheiben schneiden und mit dem Püree, den Zwiebeln, der Sauce und den Petersilienblättern anrichten.

— ONKEL KETHE —

Valentin und Olivia lieben Spinat und Nudeln. Aber da Spinat als Sauce nicht in Frage kommt, haben wir uns entschieden, den Spinat zusammen mit Parmesan in die Nudel zu bringen. Ihre beiden Lieblingsgerichte vereint. So sind die beiden mehr als zufrieden.

SPINAT-PARMESAN-RAVIOLI

⏱ 60 MIN. ✕ 4 PORTIONEN

ZUTATEN

FÜR DEN NUDELTEIG

300 G WEIZENMEHL (TYPE 405)
MEHL ZUM AUSROLLEN
3 EIER (GR. M)
2 EL OLIVENÖL
½ TL ANKERKRAUT MEERSALZ, FEIN

FÜR DIE FÜLLUNG

1 ZWIEBEL (50 G)
20 G BUTTER
200 G TK-BLATTSPINAT
70 G SCHLAGSAHNE
3 TL PANIERMEHL
1 – 2 TL ANKERKRAUT KNÖDEL GEWÜRZ
50 G GERIEBENER PARMESAN
1 EIGELB ZUM BESTREICHEN
70 G BUTTER
ETWA 30 G PARMESAN ZUM BESTREUEN

AUSSERDEM

1 NUDELMASCHINE ODER TEIGROLLE
1 RUNDER AUSSTECHER (Ø ETWA 5 CM), MIT GEWELLTEM RAND
POTTGOLD ZUM BESTREUEN

1. Die Zutaten für den Nudelteig in eine Schüssel geben und mit den Händen verkneten. Anschließend den Teig auf der Arbeitsfläche noch 5 Minuten zu einem glatten Teig kneten. Den Teig in Frischhaltefolie wickeln und für etwa 1 Stunde in den Kühlschrank legen.

2. Inzwischen für die Füllung die Zwiebel schälen und in kleine Würfel schneiden. Die Butter schmelzen, die Zwiebelwürfel dazugeben und im geschlossenen Topf bei niedriger Hitze 5 Minuten dünsten. Den tiefgekühlten Spinat und die Sahne dazugeben und aufkochen lassen. Paniermehl und 1 Teelöffel Knödel Gewürz unterrühren und 2 Minuten dünsten. Den Parmesan unterrühren. Die Füllung abkühlen lassen.

3. Aus der Füllung mit einem Teelöffel kleine Portionen (etwa 5 g) abstechen, zu Bällchen formen und auf einen Teller legen. Das Eigelb mit 1 Esslöffel Wasser verquirlen.

4. Den Nudelteig in 5 Portionen teilen, 4 Portionen zudecken. Eine Portion zu einer dünnen, möglichst langen Teigbahn ausrollen, am besten mit der Nudelmaschine. Eine Hälfte der Teigbahn mit Spinatbällchen belegen, dass dazwischen genügend Abstand zum Ausstechen bleibt. Die Zwischenräume mit verquirltem Eigelb bestreichen. Die andere Hälfte darüberlegen. Den Teig um die Spinatbällchen herum andrücken. Darauf achten, dass keine Luftblasen entstehen. Die Ravioli ausstechen und auf ein mit Backpapier belegtes Backblech legen. Mit einem Küchentuch zudecken.

5. Den restlichen Teig und die restliche Füllung auf die gleiche Weise verarbeiten. Die Ravioli in mehreren Portionen in kochendem Salzwasser bissfest garen. Die Ravioli abtropfen lassen.

6. Die Butter in einer großen Pfanne erhitzen, und eventuell leicht bräunen. Die Ravioli in der heißen Butter (70 g) schwenken und portionsweise anrichten. Mit restlichem Parmesan bestreuen.

— REDMOUNTAIN-BBQ —

Pizza ist mein absolutes Lieblingsessen und am besten schmeckt sie mir, wenn wir sie komplett selber machen. Abgesehen davon gibt es keine leckerere Tomatensoße als die mit Pasta Bambini.

MINI-PIZZEN
MIT TOMATENSAUCE

⏱ 40 MIN. ✖ 20 STÜCK

ZUTATEN

FÜR DEN PIZZA-TEIG

400 G WEIZENMEHL (TYPE 405)
MEHL ZUM BEARBEITEN
1 TL ANKERKRAUT ROH-ROHRZUCKER
1 TL ANKERKRAUT MEERSALZ, FEIN
15 G FRISCHE HEFE

FÜR DIE TOMATENSAUCE

200 ML PASSIERTE TOMATEN
1 – 2 TL ANKERKRAUT PASTA BAMBINI

FÜR DEN BELAG

1 PCK. MINI-MOZZARELLA KUGELN (125 G)
1 KLEINE ZUCCHINI
4 MITTELGROSSE STRAUCHTOMATEN
1 GRÜNE PAPRIKASCHOTE
50 G CHAMPIGNONS
1 DOSE THUNFISCH, NATURELL (170 G ABTROPFGEWICHT)
2 EL PINIENKERNE

AUSSERDEM

1 TEIGROLLE

1. Für den Teig Mehl, Zucker und Meersalz in einer Schüssel mischen. Die Hefe hinein krümeln. 250 ml lauwarmes Wasser dazugeben. Die Zutaten zu einem glatten Teig verkneten. Den Teig zugedeckt an einem warmen Ort etwa 1 Stunde gehen lassen, bis sich das Teigvolumen fast verdoppelt hat.

2. Für die Tomatensauce die passierten Tomaten mit Pasta Bambini verrühren.

3. Den Teig auf der bemehlten Arbeitsfläche in 20 Portionen teilen und mit der Teigrolle zu etwa 10 cm großen Talern ausrollen. Die Taler auf zwei mit Backpapier belegte Backbleche legen und zugedeckt etwa 15 Minuten gehen lassen. Den Backofen auf Ober-Unterhitze 220 °C vorheizen.

4. Für den Belag die Mozzarella Kugeln abtropfen lassen und halbieren. Zucchini, Strauchtomaten und Paprikaschote abspülen und trocken tupfen. Die Champignons putzen. Champignons, Zucchini und Tomaten in Scheiben, Paprika vierteln und quer in Streifen schneiden.

5. Auf jede Pizza 1 Esslöffel Sauce geben. Nach Belieben mit Gemüse, Salami, Thunfisch und Pinienkernen bunt belegen. Zum Schluss die halbierten Mozzarellakugeln darauf legen und mit etwas Pasta Bambini bestreuen. Die Pizzen etwa 10 Minuten goldbraun backen.

— TIPP —

Immer wenn wir Reste von Baguette oder Ciabatta haben, frage ich, ob wir daraus Arme Ritter machen können. Das Brot kann ruhig angetrocknet sein, nur im Kern sollte es noch etwas weich sein.

ARME RITTER-SPIESSE
MIT KARAMELLSAUCE

35 MIN. | 16 SPIESSE

ZUTATEN

FÜR DIE KARAMELLSAUCE

100 G ANKERKRAUT ROH-ROHRZUCKER
250 ML VOLLMILCH
2 TL SPEISESTÄRKE
ANKERKRAUT STEAK & BBQ SALZFLOCKEN

FÜR DIE RITTER

3 SCHEIBEN WEISSBROT, 2 – 3 TAGE ALT (JE 2 CM DICK)
2 EIER (GR. M)
200 ML VOLLMILCH
60 G BUTTERSCHMALZ
3 EL ANKERKRAUT ZIMT & ZUCKER ZUM BESTREUEN
500 G ERDBEEREN

AUSSERDEM

ETWA 16 UNTERSCHIEDLICH GROSSE SCHASCHLIKSPIESSE

1. Für die Karamellsauce den Roh-Rohrzucker in einem Topf schmelzen. 150 ml Milch dazugeben und unter Rühren aufkochen. Die Stärke mit der restlichen Milch (100 ml) glattrühren, unter Rühren in die Karamell-Milch geben und 2 Minuten köcheln lassen. Die Sauce mit Salz abschmecken. Die Sauce abkühlen lassen, dabei gelegentlich umrühren.

2. Die Erdbeeren waschen, in einem Sieb abtropfen lassen, das Grün entfernen und, falls nötig, halbieren.

3. Für die Ritter die Brotscheiben in Würfel schneiden. Eier und Milch in einer großen Schüssel verquirlen. Die Brotwürfel in der Eiermilch wenden, so dass sie die Flüssigkeit aufsaugen.

4. Die Hälfte des Butterschmalzes in einer großen Pfanne erhitzen, die Hälfte der eingeweichten Brotwürfel hineingeben und bei schwacher bis mittlerer Hitze rundherum goldbraun braten. Die Brotwürfel auf einem Kuchengitter abtropfen lassen. Restliche eingeweichte Brotwürfel im übrigen Butterschmalz braten.

5. Die Brotwürfel portionsweise mit Zimt & Zucker bestreuen und mit Erdbeeren auf Schaschlikspieße stecken. Die Spieße mit Karamellsauce servieren.

„WÜRSTCHEN FÜR ALLE!"

Ab an den Grill!

Kategorie

GRILLEN FÜR KINDER

– TIPP –

Am liebsten Esse ich den Kartoffelsalat (s. 55) dazu.

GRUSEL-FINGER

35 MIN. 2 – 4 PORTIONEN

ZUTATEN

MIND. 10 GESCHÄLTE MANDELN
10 KLEINE WIENER WÜRSTCHEN, ETWA 400 G
3 EL RAPSÖL
2 SCHEIBEN TOASTBROT
20 G BUTTER
1 KLEINES STÜCK SALATGURKE
3 TL ANKERKRAUT PULL THAT PIGGY
100 G KETCHUP

1. Die Mandeln waagerecht halbieren. Den Grill aufheizen. Die Würstchen dünn mit Öl bestreichen und bei mittlerer Hitze grillen. Die Toastscheiben mit jeweils 10 g Butter bestreichen und von beiden Seiten goldbraun grillen.

2. Von der Gurke für die Uhren je 2 Scheiben für die Zifferblätter, 4 Streifen für die Armbänder und 4 Streifen Schale für die Uhrzeiger abschneiden.

3. Die Würstchen an jeweils einem Ende etwas einschneiden und die Mandelhälften als "Fingernägel" einschieben. 1 – 2 Teelöffel Pull that Piggy mit dem restlichen Öl verrühren. Die Toastscheiben auf 2 Teller legen und in Form des Handrückens zurechtschneiden. Die Toastreste zerkrümeln, mit etwas Pull that Piggy mischen und wieder auf die Toasts streuen.

4. Die Gruselfinger nach Belieben kürzen, an das Brot setzen und mit dem Gewürzöl bestreichen. In die Zwischenräume Ketchup füllen. An das untere Ende jeder Toastscheibe eine "Gurkenuhr" legen. Die Gruselfinger mit restlichem Ketchup servieren.

ANKERKRAUT
BAUCHFLEISCH GEWÜRZ
BAUCHTANZERINNEN LIEBEN DIESES GEWÜRZ

BAUCH-FLEISCH-FACKELN
MIT KARTOFFELSALAT

45 MIN. 4 PORTIONEN

ZUTATEN

FÜR DEN KARTOFFELSALAT

750 G FESTKOCHENDE KARTOFFELN
100 G VOLLMILCHJOGHURT
1 – 2 EL WEISSWEINESSIG
100 G SALATMAYONNAISE
1 TL MITTELSCHARFER SENF
1 APFEL (150 G)
120 G GEWÜRZGURKEN (A.D. GLAS, MIT SUD)
ANKERKRAUT MEERSALZ, FEIN
ANKERKRAUT SCHWARZER PFEFFER

FÜR DIE FACKELN

8 SCHEIBEN SCHWEINEBAUCH (JE 80 G)
3 – 4 EL ANKERKRAUT BAUCHFLEISCHGEWÜRZ
2 EL FLÜSSIGER HONIG

AUSSERDEM

8 SCHASCHLIKSPIESSE AUS HOLZ

1. Die Schaschlikspieße in kaltes Wasser legen. Für den Kartoffelsalat die Kartoffeln waschen, in einen Topf geben, mit Wasser bedecken und im geschlossenen Topf garen. Die Kartoffeln mit kaltem Wasser abspülen, pellen und etwas abkühlen lassen.

2. Für die Fackeln das Fleisch nebeneinander ausbreiten und mit Bauchfleisch Gewürz bestreuen. Die Schaschlikspieße abtropfen lassen. Für jeden Spieß eine Fleischscheibe an einem Ende aufspießen, dann die Scheibe leicht überlappend um den Spieß wickeln und am Ende erneut aufspießen. Die Fackeln 30 Minuten ziehen lassen.

3. Joghurt, Essig, Mayonnaise und Senf verrühren. Die Kartoffeln in Scheiben schneiden und unter die Joghurtmasse heben. Den Apfel waschen, vierteln und das Kerngehäuse herausschneiden. Die Viertel erst der Länge nach durchschneiden, dann quer in dünne Scheiben schneiden. Die Scheiben zum Salat geben. Die Gewürzgurken in Scheiben schneiden und zusammen mit 4 – 6 Esslöffel Gurkensud unter den Salat heben.

4. Den Grill bei mittlerer Stufe vorheizen. Die Fackeln 20 Minuten garen, dabei mehrmals wenden. Zum Schluss mit etwas Honig beträufeln. Den Salat mit Meersalz und Pfeffer abschmecken.

APFEL-CURRY-KETCHUP

⏱ 20 MIN.   ✕ CA. 750 G

ZUTATEN

2 ZWIEBELN (140 G)
1 APFEL (170 G)
1 EL RAPSÖL
3 EL TOMATENMARK
2 – 3 EL BRAUNER ZUCKER
1 EL ANKERKRAUT CURRY INDISCH
1 PCK. PASSIERTE TOMATEN (500 G)
ANKERKRAUT MEERSALZ, FEIN
1 EL HELLER BALSAMICO ESSIG

1. Die Zwiebeln schälen und in kleine Würfel schneiden. Den Apfel waschen, schälen, vierteln und das Kerngehäuse entfernen. Die Apfelviertel in Scheiben schneiden. Das Öl in einem Topf erhitzen und die Zwiebelwürfel darin anschwitzen. Apfelscheiben, Tomatenmark, 2 Esslöffel Zucker und Curry Indisch dazugeben und kurz anschwitzen. Passierte Tomaten dazugeben, unterrühren und aufkochen. Das Ganze bei niedriger Hitze 10 Minuten zugedeckt köcheln lassen.

2. Die Zutaten im Topf pürieren, aufkochen und mit Curry Indisch, Meersalz, Zucker und Balsamico abschmecken. Den heißen Ketchup in Gläser füllen und abkühlen lassen.

TIPP: Den Ketchup heiß in Gläser mit Twist-off-Deckeln füllen. Die Gläser verschließen und für 5 Minuten umdrehen. Anschließend den Ketchup abkühlen lassen. So ist der Ketchup mindestens 2 Wochen im Kühlschrank haltbar.

MAYONNAISEN

VEGANE BASIS-MAYONNAISE

ZUTATEN

130 G UNGESÜSSTE SOJAMILCH (UNGEKÜHLT, RAUMTEMPERATUR)
2 TL HELLER BALSAMICO ESSIG
200 G PFLANZENÖL (RAUMTEMPERATUR)
1 TL MITTELSCHARFER SENF
ANKERKRAUT MEERSALZ, FEIN

1. Sojamilch, Essig und Pflanzenöl nacheinander in einen hohen Rührbecher schichten. Pürierstab eintauchen, einschalten und langsam hochziehen. Dabei verbinden sich die Zutaten. Mayonnaise mit Senf und Meersalz abschmecken und bis zum Gebrauch im Kühlschrank aufbewahren.

MAYONNAISE MIT SOUR CREAM GESCHMACK

ZUTATEN

200 G BASIS-MAYONNAISE
½ TL ANKERKRAUT SOUR CREAM & ONION GEWÜRZ

1. Die Mayonnaise mit Ankerkraut Sour Cream & Onion Gewürz verrühren und mindestens 10 Minuten durchziehen lassen.

MÖHREN-MAYONNAISE

ZUTATEN

1 MÖHRE (80 G)
1 TL ANKERKRAUT POMMES FRITES SALZ MEDITERRAN
200 G BASIS-MAYONNAISE

1. Die Möhre waschen, schälen, in feine Scheiben schneiden und in einen Topf geben. Knapp mit Wasser bedecken, mit ½ Teelöffel Pommes Frites Salz mediterran würzen und zugedeckt 10 Minuten weich dünsten. Die Möhrenscheiben in einem Sieb abtropfen und abkühlen lassen, danach mit der Basis Mayonnaise in einen Rührbecher geben, pürieren und mit Pommes Frites Salz mediterran abschmecken.

— BBQ RULES —

Wir lieben die Hähnchenschenkel, weil da die leckeren Chips dran sind. Schon beim Zubereiten naschen wir die letzten Krümel aus der Chipstüte. Die Schenkel essen wir dann einfach aus der Hand, ohne Besteck.

CHICKEN-CHIPS

⏱ 35 MIN.   ✖ 10 SCHENKEL

ZUTATEN

10 HÄHNCHENUNTERSCHENKEL (ETWA 1 KG)
100 G PAPRIKACHIPS
3 EIER (GR. M)
1 – 2 EL ANKERKRAUT ROTE SAU
1 BIO-ZITRONE

1. Den Grill auf 175 °C vorheizen. Die Hähnchenunterschenkel mit Küchenpapier trocken tupfen und mit Rote Sau einreiben. Die Chipstüte an einer Ecke etwas öffnen, mit einer Teigrolle die Chips zerkleinern und auf einen großen Teller oder eine Platte geben. Die Eier in einem tiefen Teller verquirlen.

2. Die Hähnchenunterschenkel durch die verquirlten Eier ziehen, etwas abtropfen lassen und in den Chipskrümeln wenden. Die Krümel etwas andrücken. Die Schenkel auf ein mit Backpapier belegtes Backblech legen. Das Backblech bei indirekter Hitze auf den Grill stellen und die Schenkel etwa 25 Minuten garen. Die Schenkel können auch bei 175° Ober-/ Unterhitze für 25 Minuten im vorgeheizten Backofen garen.

3. Die Zitrone heiß abwaschen, trocken tupfen und in Spalten schneiden. Die Schenkel mit den Zitronenspalten servieren.

— BBQ PIT —

Das Entscheidende für meinen Sohn ist, dass das Gericht einen „spielerischen Namen" bekommt, mit dem er was anfangen kann. Wenn ich ihn frage, ob er Armadillo Eggs oder lieber Piraten-Bomben essen will, nimmt er natürlich Letzteres. Unsere Armadillo Eggs aka Piraten-Bomben sind was Einfaches, was jedem Kind schmeckt: Hackfleisch, Käse und Bacon.

PIRATEN-BOMBEN

⏱ 40 MIN.   ✖ 16 STÜCK

ZUTATEN

FÜR DIE PIRATEN-BOMBEN

1 KLEINE ROTE ZWIEBEL
500 G GEMISCHTES HACKFLEISCH
2 EL ANKERKRAUT PIT POWDER
1 EL PANIERMEHL
1 EI (GR. M)
1 PCK. MINI MOZZARELLA-KUGELN (8 STÜCK)
1 PCK. CHEDDAR-WÜRFEL (8 STÜCK)
120 G BACONSCHEIBEN

FÜR DEN TOMATENSALAT

500 G CHERRYTOMATEN
1 – 2 EL ACETO BALSAMICO
ANKERKRAUT MEERSALZ, FEIN
1 TL FLÜSSIGER HONIG
3 EL OLIVENÖL
4 STÄNGEL GLATTE PETERSILIE

1. Den Grill vorheizen. Die Zwiebel schälen und in kleine Würfel schneiden. Zwiebelwürfel, Hackfleisch, Pit Powder, Paniermehl und Ei verkneten. Die Hackfleischmasse in 16 Portionen teilen.

2. In jede Portion Hackfleisch eine Mozzarella-Kugel oder einen Cheddar-Würfel geben. Das Hackfleisch, um den Käse herum, mit nassen Händen zu einem Oval formen. Um jedes Oval einen Baconstreifen wickeln. Die Ovale auf dem vorgeheizten Grill bei niedriger bis mittlerer Hitze etwa 8 Minuten grillen, dabei immer wieder wenden.

3. Inzwischen die Tomaten waschen, abtropfen lassen und halbieren. Aceto Balsamico, Meersalz, Honig und Olivenöl verrühren und mit den Tomaten vermengen. Die Petersilie abspülen, trocken tupfen, die Blätter abzupfen und zum Salat geben. Den Salat mit Meersalz abschmecken.

4. Die Piraten-Bomben warm oder kalt mit dem Tomatensalat servieren.

—TIPP—

Ich mag auch gerne eine süße Füllung. Dafür Butter mit 1 Esslöffel Paniermehl und 1 Esslöffel Ankerkraut Hamburger Chai verrühren und wie unter Punkt 3 beschrieben auf den Teig geben.

DEFTIGES SCHINKEN-STOCKBROT

25 MIN.   8 BROTE

ZUTATEN

FÜR DEN TEIG

250 G WEIZENMEHL (TYPE 550)
MEHL ZUM BEARBEITEN
1 TL ANKERKRAUT MEERSALZ, FEIN
1 TL ZUCKER
10 G FRISCHE HEFE
2 EL RAPSÖL

FÜR DIE FÜLLUNG

125 G SCHINKENWÜRFEL
3 EL TOMATENKETCHUP
1 TL ANKERKRAUT BRUSCHETTA GEWÜRZ

AUSSERDEM

PRO PERSON EINEN SAUBEREN STOCK

1. Für den Teig Mehl, Meersalz und Zucker in einer Schüssel mischen. Die Hefe zerkrümeln, mit 150 ml lauwarmem Wasser glatt rühren und zum Mehl geben. Das Öl dazugeben. Die Zutaten in der Schüssel mit dem Handrührer (Knethaken) zu einem glatten Teig verkneten und zugedeckt so lange an einem warmen Ort gehen lassen, bis sich das Teigvolumen fast verdoppelt hat, etwa 45 Minuten.

2. Für die Füllung die Schinkenwürfel noch etwas feiner hacken und mit Tomatenketchup und Bruschetta Gewürz verrühren.

3. Den Teig auf der bemehlten Arbeitsfläche in 8 Portionen teilen, jede Portion zu einem Streifen (28 x 5 cm) ausrollen. In die Mitte jedes Teigstreifens, der Länge nach, eine kleine Portion der Schinkenmasse geben. Die Längsseiten des Teiges mit Wasser bestreichen. Eine Seite auf die Füllung, die andere darüber klappen.

4. Die gefüllten Teigstreifen mit der "Nahtseite" nach innen um die Stöcke wickeln und mit etwas Abstand zum Feuer etwa 10 – 15 Minuten backen.

„DÜRFEN DA AUCH STREUSEL DRAUF?"

Ida beim Helfen

Kategorie

BACKEN FÜR KINDER

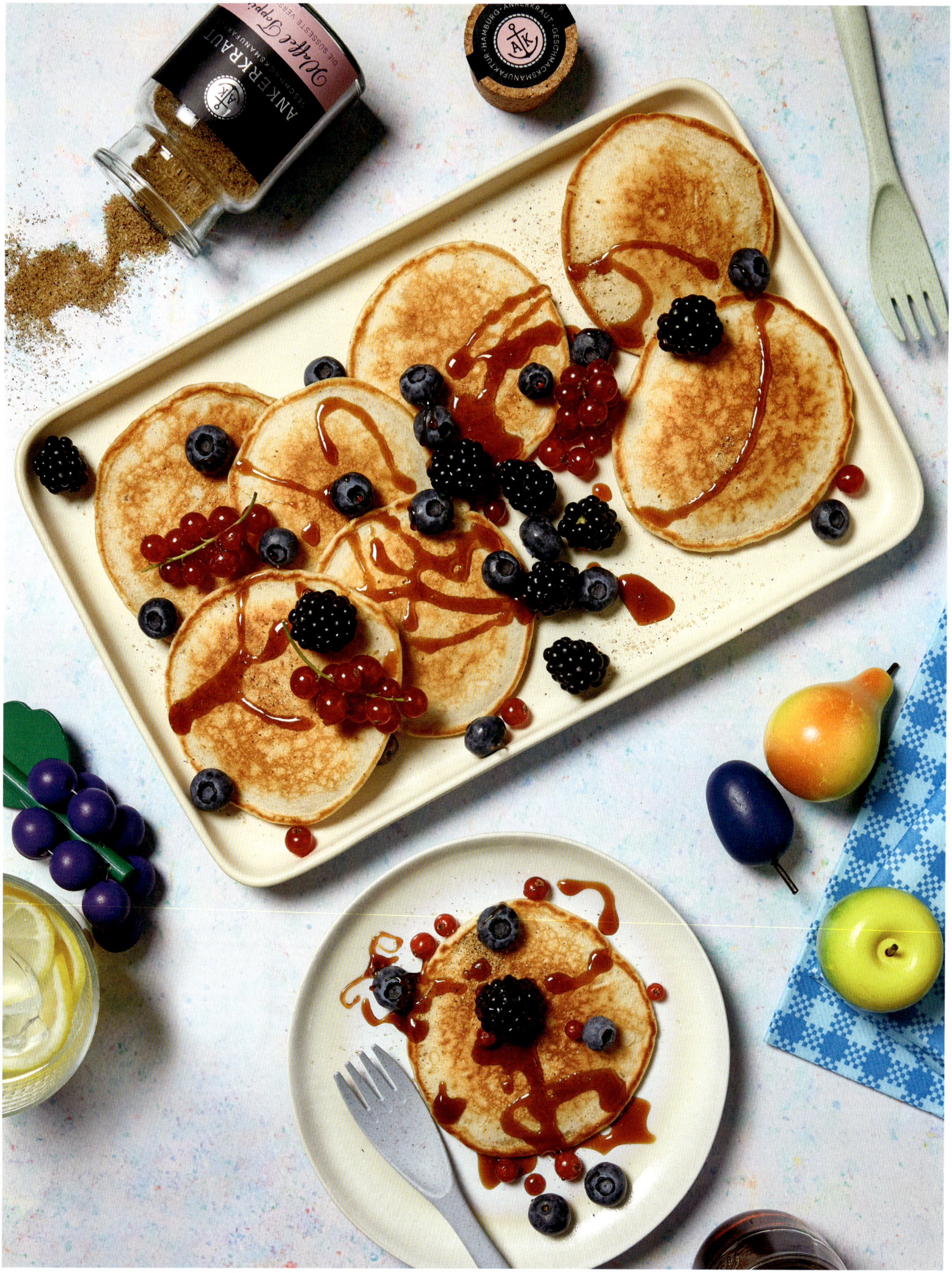
ANKERKRAUT

PANCAKES

⏱ 20 MIN. ✗ 8 PANCAKES

ZUTATEN

FÜR DIE PANCAKES

200 G WEIZENMEHL (TYPE 405)
1 TL BACKPULVER
2 TL ANKERKRAUT WAFFEL TOPPING
ETWAS ZUM BESTREUEN
1 MSP. ANKERKRAUT MEERSALZ, FEIN
30 G ANKERKRAUT KOKOSBLÜTENZUCKER
30 G BUTTER
2 EIER (GR. M)
180 ML VOLLMILCH
3 EL RAPSÖL

FÜR DAS TOPPING

500 G VORBEREITETE GEMISCHTE BEEREN, ZITRUSFRUCHTFILETS ODER OBSTSALAT
6 EL AHORNSIRUP

1. Mehl, Backpulver, Waffel Topping Gewürz, Meersalz und Zucker in einer Schüssel mischen. Die Butter schmelzen und mit den Eiern und der Milch glatt rühren. Anschließend unter das Mehlgemisch rühren.

2. Eine große beschichtete Pfanne mit Öl ausstreichen und erhitzen. Für jeden Pancake 2 Esslöffel Teig in die Pfanne geben und etwa 2 Minuten von jeder Seite goldbraun backen. Insgesamt 8 Pancakes backen.

3. Die Pancakes warm oder abgekühlt mit Beeren, Zitrusfruchtfilets oder Obstsalat und Ahornsirup servieren.

— TIPP —

Wer keinen klassischen Keks-geschmack möchte, verwendet Kokos Crumble Gewürz für die Creme und zum Bestäuben nur Puderzucker

PASTEIS DE NATA

35 MIN.   12 STÜCK

ZUTATEN

50 G ZUCKER
2 – 3 TL ANKERKRAUT KEKS GEWÜRZ
20 G SPEISESTÄRKE
370 ML VOLLMILCH
3 EIGELB (GR. M)
10 G BUTTER
1 PCK. TK-BUTTER-BLÄTTERTEIG (300 G, 6 QUADRATISCHE PLATTEN)
MEHL FÜR DIE ARBEITSFLÄCHE
2 TL PUDERZUCKER

AUSSERDEM

1 RUNDER AUSSTECHER (Ø 10 – 11 CM)
1 MUFFINFORM (12 MULDEN)

1. Den Zucker, 2 Teelöffel Keks-Gewürz und die Speisestärke in einem kleinen Topf mischen. Nacheinander Milch und Eigelb unterrühren. Butter dazugeben. Das Ganze bei mittlerer Hitze so lange rühren, bis die Creme eine puddingartige Konsistenz hat. Die Creme auskühlen lassen.

2. Den Blätterteig nach Packungsanleitung auftauen lassen. Je 3 Platten auf der bemehlten Arbeitsfläche aufeinanderlegen und zu jeweils einem Rechteck (etwa 24 x 33 cm) ausrollen. 10 Minuten ruhen lassen.

3. Mit dem runden Ausstecher 12 Platten ausstechen, in die Mulden der Backform legen, andrücken und mit einer Gabel mehrfach einstechen. Den Backofen auf Ober-/ Unterhitze 200 °C vorheizen.

4. Die Creme in die Mulden auf den Teig füllen. Die Pasteis im vorgeheizten Backofen etwa 20 Minuten goldbraun backen. Die Muffinform auf ein Kuchengitter stellen, nach 5 Minuten die Pasteis aus den Mulden lösen und auf dem Gitter abkühlen lassen. Puderzucker und restliches Keks-Gewürz mischen und vor dem Servieren über die Pasteis stäuben.

— TIPP —

Wer es noch einfacher mag, bestreicht die Teigplatte einfach mit pürierter roter Konfitüre. Evtl. zusätzlich 1 – 2 Tropfen rote Speisefarbe verwenden.

ERDBEER-SCHNECKEN

40 MIN.   12 SCHNECKEN

ZUTATEN

2 EIER (GR. M)
2 EIGELB (GR. M)
80 G ZUCKER
1 EL ZUCKER ZUM BESTREUEN
ANKERKRAUT MEERSALZ, FEIN
50 G WEIZENMEHL (TYPE 405)
1 TL ANKERKRAUT STREUSELKUCHEN GEWÜRZ
500 G ERDBEEREN
20 G PUDERZUCKER UND PUDERZUCKER ZUM BESTÄUBEN
2 BLATT GELATINE
ETWA 24 DÜNNE KEKSSTÄBCHEN MIT WEISSER SCHOKOLADE ODER VOLLMILCHSCHOKOLADE ÜBERZOGEN
ETWAS ZITRONENMELISSE ZUM GARNIEREN
EINIGE BLÜTEN AUS ESSPAPIER

1. Den Backofen auf 180 °C Ober-/ Unterhitze vorheizen. Ein Backblech mit Backpapier belegen. Eier, Eigelb, Zucker und 1 Prise Meersalz in eine Rührschüssel geben und mit dem Mixer (Rührbesen) zu einem festen Schaum aufschlagen (etwa 3 Minuten). Das Mehl darauf sieben und zusammen mit ½ Teelöffel Streuselkuchen Gewürz unter die Eiermasse heben.

2. Den Teig auf dem vorbereiteten Backblech verteilen und glatt streichen. Den Teig im vorgeheizten Backofen 8 - 10 Minuten goldbraun backen. Inzwischen einen Bogen Backpapier auf die Arbeitsfläche legen und mit dem restlichen Zucker bestreuen. Die gebackene Teigplatte sofort darauf stürzen. Die Kanten rundherum flach drücken und abkühlen lassen.

3. Die Erdbeeren waschen und abtropfen lassen. 170 g Erdbeeren putzen und zusammen mit dem Puderzucker pürieren. Die Gelatine in kaltem Wasser einweichen. Die Gelatine ausdrücken, bei schwacher Hitze in einem Topf schmelzen, mit dem Püree verrühren und kühl stellen. Sobald es zu gelieren beginnt, das Backpapier abziehen und das Püree auf die Teigplatte streichen, dabei an einer Längsseite einen 3 cm breiten Rand frei lassen. Die Platte von der gegenüber liegenden Längsseite bis zum frei gelassenen Rand fest aufrollen. Die Rolle in Backpapier wickeln und mindestens 30 Minuten kühl stellen.

4. Für die "Schneckenköpfe" 12 Erdbeeren putzen. Von den Keksstäbchen etwa 6 cm lange Stücke für die "Fühler" abschneiden.

5. Die Rolle in 12 Stücke schneiden. Auf dem freigelassenen Rand jeweils 1 Erdbeere legen und zwei Fühler hineinstecken. Die Schnecken mit Puderzucker bestäuben, auf einer Platte anrichten und mit Blüten und Zitronenmelisseblättern garnieren. Die restlichen Erdbeeren dazu servieren.

— TIPP —

Mama und ich backen den Biskuitboden meist bereits am Vortag. Wenn er abgekühlt ist, den Boden zudecken und bis zum Füllen kühl aufbewahren.

ANKER-SCHNITTE

⏱ 35 MIN.   ✗ 4 - 6 STÜCKE

ZUTATEN

FÜR DEN TEIG

30 G BUTTER
1 EI (GR. M)
1 EIGELB (GR. M)
40 G ZUCKER
10 G ANKERKRAUT BETÖRENDE SCHOKOLADE
10 G KAKAOPULVER
20 G WEIZENMEHL (TYPE 405)

FÜR DIE FÜLLUNG

1 BLATT WEISSE GELATINE
125 ML VOLLMILCH
2 TL BLÜTENHONIG
125 G MASCARPONE
1 TL PUDERZUCKER
PUDERZUCKER ZUM BESTÄUBEN
2 ERDBEER-FRUCHTGUMMISCHNÜRE
BUNTE SCHOKOLINSEN

AUSSERDEM

1 SPRINGFORM (Ø 16 CM)
1 ANKERSCHABLONE (AUS PAPIER SELBST HERSTELLEN)

1. Den Backofen auf Ober-/ Unterhitze 180 °C vorheizen. Den Boden der Springform mit Backpapier belegen. Für den Teig die Butter schmelzen. Das Ei, das Eigelb und den Zucker in eine Schüssel geben und mit dem Mixer (Rührbesen) in 3 Minuten zu einem festen Schaum aufschlagen.

2. Betörende Schokolade, Kakaopulver und Mehl mischen und mit einem Teigschaber unter den Eierschaum heben. Danach die Butter unterheben. Den Teig in die Form füllen. Die Form auf dem Rost in den vorgeheizten Backofen schieben. Den Teig etwa 20 Minuten backen.

3. Die Form auf ein Kuchengitter stellen. Den Biskuit mit einem Messer vom Rand der Form lösen und in der Form erkalten lassen.

4. Für die Füllung die Gelatine in kaltem Wasser einweichen. Milch und Honig erhitzen, nicht kochen. Anschließend die Gelatine ausdrücken und in der Honigmilch auflösen. Die Honigmilch abkühlen lassen und kurz kühl stellen. Wenn die Honigmilch zu gelieren beginnt, Mascarpone und Puderzucker mit dem Mixer (Rührbesen) zu einer lockeren Creme aufschlagen und unter die Milch heben.

5. Den ausgekühlten Kuchen aus der Form stürzen und mit einem Sägemesser waagerecht durchschneiden. Den Kuchen mit Creme füllen und mindestens 1 Stunde kühl stellen.

6. Eine Schablone auf den Kuchen legen, mit Puderzucker bestäuben und vorsichtig abheben. Den Kuchen mit Fruchtgummischnüren und bunten Schokolinsen garnieren.

KINDER-KÜCHEN-GADGETS

SAFTPRESSE

Squeeze it! Wie wäre es mit einem frisch gepressten O-Saft zum Frühstück oder erfrischender Zitronen-Limo im Sommer? Mit einer Saftpresse können sich die Kinder spielend leicht selbst leckere Getränke zubereiten. Idee für die nächste Gartenparty: mit dem Fruchtsaft kann auch ein erfrischendes Eis am Stiel gezaubert werden!

SCHNEEBESEN

Schwing den Besen! Vermischen, aufschäumen oder unterheben: mit dem Schneebesen können kleine und große Küchengehilfen mitmischen! Und wenn Keksteig damit verrührt wird, kann der Schneebesen ohne Gefahr abgeschleckt werden.

SPARSCHÄLER

Bei vielen Obst- und Gemüsesorten stören sich Kinder an der Schale, auch wenn wir vergebens predigen, dass es das Beste daran ist. Die Schale einer Gurke lässt sich im Vergleich zu der einer Karotte oder einem Apfel sehr einfach mit einem Sparschäler entfernen, sodass die Kinder diese Aufgabe ohne Probleme übernehmen können.

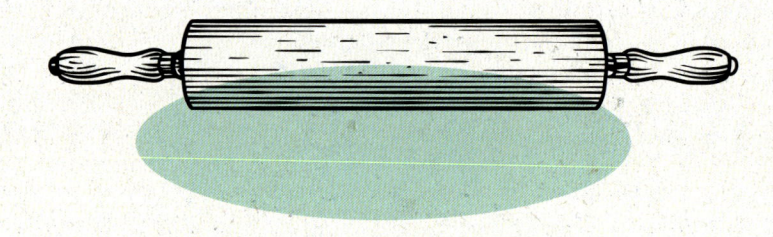

NUDELHOLZ

Vor allem beim Backen können sich Kinder beteiligen und zu stolzen Bäckermeistern werden! Ob der Keksteig oder selbstgemachter Pizzateig ausgerollt werden soll: mit dem Nudelholz arbeiten die Kinder fast selbstständig und das sorgt für freudige Gesichter!

KOMM KOCH MIT MIR! GEMEINSAM KOCHEN UND BACKEN MACHT SPASS! FÜR DIE KINDER WIRD ES BESONDERS DANN ZU EINEM ERLEBNIS, WENN SIE AKTIV MIT EINBEZOGEN WERDEN UND LEICHTE AUFGABEN ÜBERNEHMEN DÜRFEN. HIER SIND EINIGE INSPIRATIONEN FÜR DEN EINSATZ KINDERSICHERER KÜCHENUTENSILIEN, DIE DIE KLEINEN ZU EINER HELFENDEN HAND BEIM KOCHEN UND BACKEN PRÄDESTINIEREN.

AUSSTECHFÖRMCHEN

Bake it, Baby! Mit Ausstechförmchen lernen die Kinder nicht nur selbstständiges Arbeiten, sondern fördern auch noch ihre Kreativität und Feinmotorik. Es muss nicht immer nur süß sein! Mit den Ausstechern können auch Brotscheiben oder Obst zu lustigen Formen ausgestanzt werden.

SIEB

Mehl sieben? Nicht unbedingt unsere Lieblingsaufgabe, aber die Kleinen finden es toll! Wenn Mehlwolken aufsteigen und sich feiner Staub auf der Kleidung absetzt, sind sie überglücklich und stolz, ihren Teil beigetragen zu haben. Und was ist mehr wert als ein breites Grinsen?

KARTOFFELSTAMPFER

Freikarte zum Rummatschen. Was für den Matschkuchen im Sandkasten gilt, kann in der Küche bei den Kindern doch nur gut ankommen! Mit dem Stampfer können Kinder weichgekochte Kartoffeln, aber auch Gemüse und Obst zerquetschen. Ärmel hochkrempeln und los geht's!

ZWIEBELSCHNEIDER / ZERKLEINERER

Weinst du? Ne, ich schneide Zwiebeln! Nicht nur für uns ist der Zwiebelschneider eine echte Erleichterung. Kinder können damit Gemüse zerkleinern ohne mit scharfen Messern herumzuhantieren. Grob gewürfeltes Gemüse ist in Nullkommanichts zerkleinert.

— TIPP —

Es gibt lebensmittelechte Ostereier Fasermalstifte, die mit Lebensmittelfarben hergestellt sind. Die kann man gut verwenden, um das Segel zu bemalen.

PIRATENSCHIFF

⏱ 100 MIN.   ✖ 8 – 10 STÜCKE

ZUTATEN

FÜR DEN TEIG

200 G WEICHE BUTTER
ETWAS BUTTER ZUM AUSFETTEN
220 G ZUCKER
ANKERKRAUT MEERSALZ, FEIN
3 EL ANKERKRAUT SCHOKO CRUMBLE GEWÜRZ
5 EIER (GR. M)
220 G WEIZENMEHL (TYPE 405)
30 G KAKAOPULVER
2 TL BACKPULVER
3 EL MILCH

FÜR DIE DEKO

ETWAS KAKAO-KUCHENGLASUR
ETWAS VOLLMILCH-KUCHENGLASUR
4 KEKSROLLEN (KANONENROHRE)
11 DÜNNE SCHOKOLIERTE KEKSSTÄBCHEN (RUDER UND MAST)
EINIGE GOLDTALER (KAUBONBON)
1 RUNDER KEKS FÜR DAS STEUERRAD
ESSPAPIER FÜR DIE SEGEL
EVTL. LEBENSMITTELSPRAY, KUPFER

AUSSERDEM

1 KASTENFORM (25 X 11 CM)
1 ANKERAUSSTECHER (ETWA 5,5 CM LÄNGE)

1. Den Backofen auf Ober-/Unterhitze 180 °C vorheizen. Die Kastenform mit Butter ausfetten und kühl stellen. Die Butter mit Zucker, einer Prise Meersalz und Schoko Crumble Gewürz mit dem Mixer (Rührbesen) schaumig rühren. Die Eier einzeln unterrühren, bis eine glatte Masse entstanden ist.

2. Mehl, Kakao und Backpulver mischen und in zwei Portionen kurz unterrühren. Anschließend die Milch dazugeben. Den Teig in die Kastenform füllen und im vorgeheizten Backofen 30 Minuten backen. Danach die Temperatur auf 160 °C reduzieren und den Teig weitere 30 – 35 Minuten backen. Nach 5 Minuten aus der Form lösen und auf einem Kuchengitter erkalten lassen.

3. Die Kuchenoberfläche gerade schneiden. Den Kuchen von einem Ende aus 8 cm (Bug), vom anderen Ende aus 5 cm (Heck) jeweils quer 2 cm tief einschneiden. Das Stück zwischen Heck und Bug 2 cm tief ausschneiden und beiseite legen. Dem Bug spitz zuschneiden. Das ausgeschnittene Mittelstück auf das Heck legen, hinten etwas überstehen lassen und nach vorne hin abschneiden. Daraus die beiden mittleren Seitenstücke und die Kanten für den Bug abschneiden.

4. Die Kuchenglasur schmelzen. Heckteil, Seitenstücke Bugkanten von der Unterseite mit dunkler Kuchenglasur bestreichen und andrücken. Auf dem Heck einen Platz für die Goldtaler ausschneiden. Den Anker aus Kuchenresten ausstechen.

5. Das Schiff rundherum mit dunkler und heller Glasur bestreichen. Den Anker dunkel einstreichen. Aus den Keksrollen die Kanonenrohre schneiden. Die restliche dunkle Kuchenglasur als "Kleber" verwenden. Steuerrad und Kanonenrohre ankleben. Die Ruder in den Kuchen stecken. Falls Glasur zwischendurch zu fest wird, die Glasur erneut erwärmen.

6. Das Esspapier bemalen. Die Kanten vorsichtig abreißen, lochen und auf den Mast stecken. Den Mast in den Kuchen stecken.

— TIPP —

Die Torte kann 2 Tage vor dem Gebrauch gebacken und 1 Tag im Voraus verziert werden. Die Zuckerdiamanten erst am Tag des Verzehrs auflegen.

PRINZESSINNEN-TORTE

90 MIN.   8 STÜCKE

ZUTATEN

FÜR DEN TEIG

200 G WEICHE BUTTER
ETWAS BUTTER ZUM AUSFETTEN
220 G ZUCKER
1 EL ANKERKRAUT KOKOSBLÜTENZUCKER
ANKERKRAUT MEERSALZ, FEIN
5 EIER (GR. M)
220 G WEIZENMEHL (TYPE 405)
30 G SPEISESTÄRKE
2 TL BACKPULVER
3 EL MILCH
1 BIO-ZITRONE

FÜR DIE DEKO

100 G ERDBEERKONFITÜRE
1 TL PUDERZUCKER
1 TL SPEISESTÄRKE
1 PCK. ROSA FONDANT (250 G)
1 PCK. WEISSER ZITRONENTORTENGUSS (100 G)
ZUCKER-EDELSTEINE
ZUCKER-DIAMANTEN
BUNTES WEINGUMMI
BUNTE JELLY BEANS
100 G WEISSE SCHOKOLADE IN DREIECKEN

AUSSERDEM

1 SPRINGFORM (Ø 18 CM)
1 RUNDE AUSSTECHFORM (Ø 12 CM)
1 RUNDE AUSSTECHFORM (Ø 7 ½ CM)
MODELLIERWERKZEUG

1. Den Backofen auf Ober-/ Unterhitze 180 °C vorheizen. Den Boden der Springform mit Butter ausfetten und kühl stellen. Die Butter mit beiden Zuckern und 1 Prise Meersalz mit dem Mixer (Rührbesen) schaumig rühren. Die Eier einzeln unterrühren, bis eine glatte Masse entstanden ist.

2. Mehl, Stärke und Backpulver mischen und in zwei Portionen unterrühren. Anschließend die Milch dazugeben. Die Zitrone heiß abwaschen, trocknen, die Schale abreiben und unter den Teig rühren. Den Teig in die Form füllen, 30 Minuten backen, die Temperatur auf 160 °C reduzieren und weitere 30 – 35 Minuten backen. Nach 5 Minuten aus der Form lösen und erkalten lassen.

3. Von der Kuchenoberfläche mit einem Sägemesser eine etwa 2 cm dicke Scheibe gerade abschneiden. Aus dieser mit dem großen und kleinen Ausstecher einen 12 cm großen Ring ausstechen und beiseite legen.

4. Für die Deko die Konfitüre aufkochen und Stücke mit einer Gabel zerdrücken. Den Kuchen mit der Konfitüre einstreichen. Den Fondant mit den Händen so lange kneten, bis er sich ausrollen lässt.

5. Puderzucker und Stärke mischen und etwas davon auf die Arbeitsfläche sieben. Den Fondant darauf zu einer runden Platte (etwa 26 cm Ø) ausrollen. Die Platte aufrollen und über dem Kuchen wieder abrollen. Den Fondant von der Mitte zu den Seiten hin mit den Händen glatt an die Torte drücken. Überstehenden Fondant abschneiden und zu einer etwa 54 cm langen Rolle formen. Die Rolle am Tortenrand leicht andrücken, dann mit einem Modellierwerkzeug rundherum einstechen.

6. Den Zitronenguss schmelzen. Von der weißen Schokolade mit einem Sägemesser 8 Dreiecke abschneiden. Den Ring mit etwas Guss rundherum bestreichen. Sobald der Guss etwas anzieht, die Dreiecke auf den Ring setzen und andrücken. Den Ring vorsichtig vom Backpapier lösen. Etwas Guss auf die Torte streichen und den Ring darauf legen.

7. Mit dem restlichen Guss die Süßigkeiten an den Ring der Torte "kleben".

„PAUSENBROT FÜRS KIND VORBEREITET. SELBER GEGESSEN. GELD IN DIE BROTDOSE GELEGT."

Vater des Jahres

Kategorie

FÜR DIE BROTDOSE

BROTDOSEN-HACKS

FARB-TÜPFELCHEN

Eine gut gefüllte, bunte Brotdose macht schon ordentlich was her. Mische Sattmacher wie Brot mit frischem Obst und Gemüse, sodass einem beim Öffnen der Brotdose schon die Sonne entgegenkommt.

GUT IN FORM

In lustige Formen ausgestanztes Pausenbrot wird so schnell nicht langweilig! Dazu einfach mit dem liebsten Keksausstecher die Brotscheiben ausstanzen. Das gleiche gilt natürlich auch für Wurst und Käse.

BEI DEM WORT PAUSENBROT ERINNERN WIR UNS AN WUSELIGE SCHULHÖFE WÄHREND DER GROSSEN PAUSE, VÖLKERBALL UND STULLEN MIT WURST UND KÄSE. SPÄTESTENS GEGEN MITTE DER WOCHE MACHTE SICH LANGEWEILE IN DER BROTDOSE BREIT, OBWOHL PAUSENSNACKS VIELFÄLTIG UND KREATIV ZUSAMMENGESTELLT WERDEN KÖNNEN. HIER BEKOMMST DU DIE VOLLE BREITSEITE AN INSPIRATION FÜR EINE BROTDOSE DELUXE, DIE AUF DEM PAUSENHOF FÜR NEIDISCHE BLICKE SORGEN WIRD!

TOTAL BANANE

Mit Essen soll man zwar nicht spielen, aber wenn lustige Gesichter auf der Bananenschale Appetit auf Obst machen, dient es ja einem guten Zweck. Wer kann bei grinsenden Bananen schon Nein sagen?

MESSAGE IN A BOX

Heute ist ein wichtiger Tag für dein Kind? Dann lege doch einen Zettel mit einer lieben Notiz in die Brotdose und sprich Mut zu. Die kleine Überraschung sorgt bestimmt für ein Lächeln in der Pause.

— TIPP —

Ida mag die Karottenraspeln lieber. Ich mag gern Kohlrabiraspeln und die kleinen Kirschtomaten.

DREI-LAGEN-BROT

7 MIN. 1–2 PORTIONEN

ZUTATEN

ETWA 4 BLÄTTER LOLLO BIONDA (ODER ANDERER BLATTSALAT)

1 MÖHRE (100 G)

3 SCHEIBEN BROT (JE 50 G, Z. B. VITALBROT UND MEHRKORNBROT)

75 G DOPPELRAHMFRISCHKÄSE

½ TL ANKERKRAUT KRÄUTERBUTTER GEWÜRZ

3 DÜNNE SCHEIBEN GERÄUCHERTE PUTENBRUST (ETWA 40 G)

AUSSERDEM

6 KLEINE HOLZSTÄBCHEN ZUM FIXIEREN

1. Den Salat abspülen und trocken tupfen. Die Möhre waschen, schälen und auf der Haushaltsreibe grob raspeln. Die Brotscheiben mit Frischkäse bestreichen und mit etwas Kräuterbutter Gewürz bestreuen.

2. Für die erste Lage eine Brotscheibe zuerst mit etwas Salat, dann mit den Möhrenraspel belegen. Für die zweite Lage eine Brotscheibe mit der Frischkäse-Seite nach unten, darauflegen, andrücken, mit restlichem Frischkäse bestreichen und nacheinander mit restlichem Salat und der Putenbrust belegen. Für die dritte Lage, die übrige Brotscheibe mit der Frischkäse-Seite nach unten darauflegen und andrücken.

3. Das 3-Lagen-Brot erst in der Mitte quer durchschneiden, danach jede Hälfte in 3 Teile schneiden und mit kleinen Holzspießen fixieren. Das Brot in gut schließende Dosen verpacken.

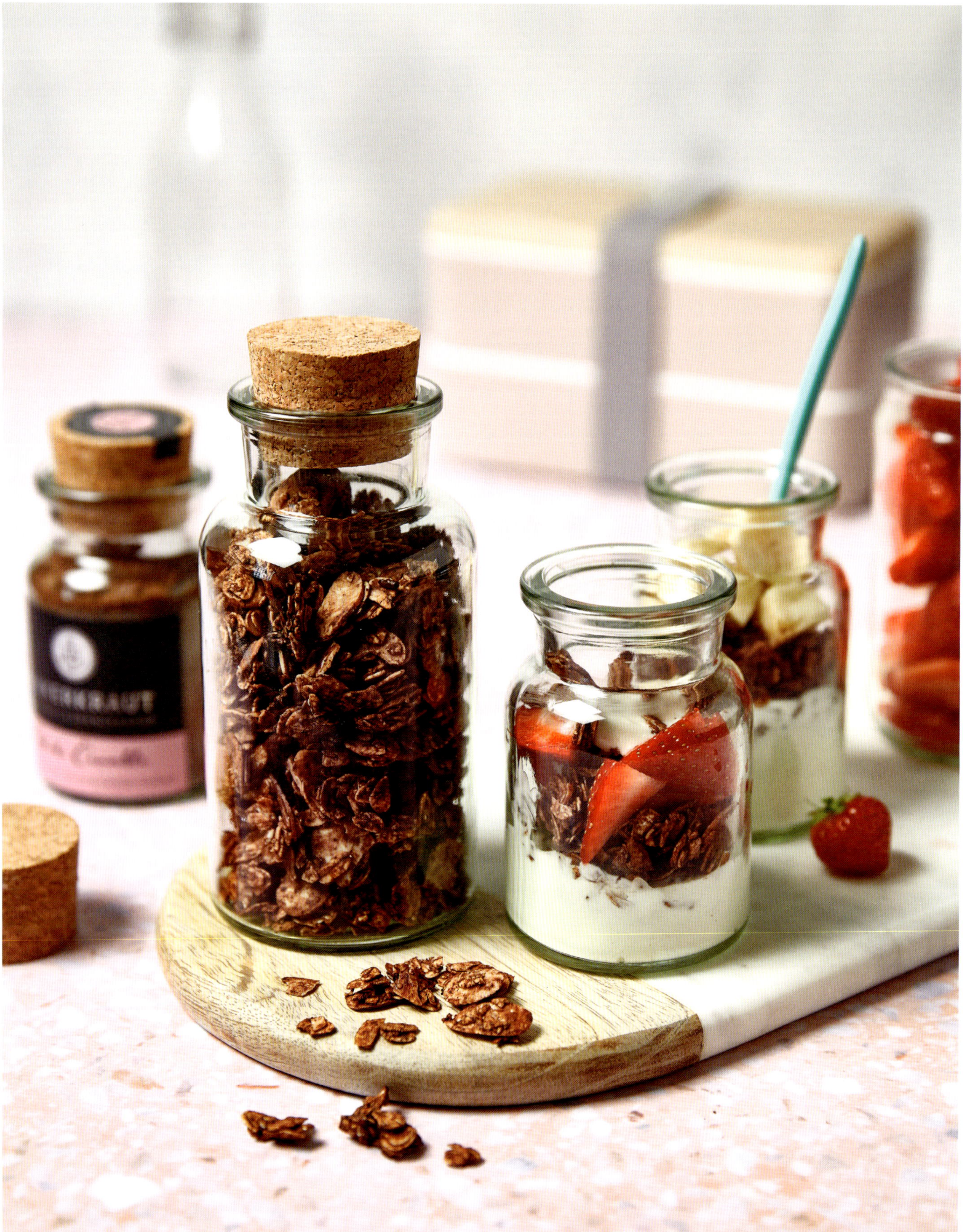

SCHOKO-MÜSLI
MIT JOGHURT

20 MIN.   4 PORTIONEN

ZUTATEN

100 G KERNIGE HAFERFLOCKEN
1 EL ANKERKRAUT KAKAONIBS
50 G GEHOBELTE MANDELN
2 EL AHORNSIRUP
1 EL ANKERKRAUT SCHOKO CRUMBLE GEWÜRZ
500 G ERDBEEREN
2 BANANEN
500 G VOLLMILCHJOGHURT

1. Den Backofen auf Ober-/Unterhitze 180 °C vorheizen. Haferflocken, Kakaonibs und gehobelte Mandeln in einer Schüssel mischen.

2. Ahornsirup, 2 Esslöffel Wasser und Schoko Crumble Gewürz verrühren und mit den Zutaten in der Schüssel vermengen. Ein Backblech mit Backpapier belegen. Die Mischung darauf verteilen und im vorgeheizten Backofen etwa 15 Minuten backen. Anschließend abkühlen lassen.

3. Die Erdbeeren waschen, abtropfen lassen, putzen und je nach Größe halbieren oder vierteln. Die Bananen schälen und in Scheiben schneiden. Das Müsli mit Joghurt und vorbereitetem Obst in Gläser schichten oder mischen.

— TIPP —

Die Muffins können auch mit Zucchiniraspeln hergestellt werden. Dafür eine Zucchini (150 g) waschen, abtrocknen, die Enden abschneiden und das Fruchtfleisch grob raspeln. Die Muffins schmecken gut mit kleinen Tomaten oder Gurkenscheiben.

MINI-GEMÜSE-MUFFINS

30 MIN.   15 MUFFINS

ZUTATEN

150 G HOKKAIDO KÜRBIS (MIT SCHALE, OHNE KERNE)
2 EIER (GRÖSSE M)
½ TL ANKERKRAUT BOLOGNESE GEWÜRZ
70 G WEIZENMEHL (TYPE 550)
½ TL BACKPULVER
ANKERKRAUT MEERSALZ, FEIN
1 EL ÖL
20 G GEHOBELTE HASELNUSSKERNE

AUSSERDEM

1 MINI-MUFFIN-FORM (FÜR 15 MUFFINS)

1. Den Backofen auf 180 °C Ober-/Unterhitze vorheizen. Das Kürbisstück auf der groben Seite der Küchenreibe raspeln. Kürbisraspel, Eier und Bolognese Gewürz verrühren. Mehl und Backpulver mischen und unter die Kürbismasse heben. Den Teig mit Meersalz abschmecken.

2. Die Mulden der Muffinform mit Öl ausstreichen. Den Teig in die Mulden füllen und mit den gehobelten Nüssen bestreuen. Den Teig im vorgeheizten Backofen etwa 15 Minuten backen.

3. Die Muffins aus der Form lösen und auf einem Kuchengitter erkalten lassen.

— TIPP —

Manchmal sticht Mama Tiere aus. Dafür den Teig auf der bemehlten Arbeitsfläche etwa 1 ½ cm dick ausrollen und z. B. Schildkröten oder Salamander ausstechen.

KLEINE LAUGENBRÖTCHEN

⏱ 30 MIN.   ✕ 12 STÜCK

ZUTATEN

FÜR DEN TEIG

250 G WEIZENMEHL (TYPE 550)
MEHL ZUM BEARBEITEN
2 TL ANKERKRAUT MEERSALZ, FEIN
1 TL ZUCKER
10 G FRISCHE HEFE
20 G WEICHE BUTTER
40 G HAUSHALTSNATRON
ANKERKRAUT STEAK & BBQ SALZFLOCKEN

FÜR DEN BELAG

ETWAS BUTTER, LOLLO BIONDA SALAT, SALAMISCHEIBEN, GURKENSCHEIBEN, MINI-MOZZARELLA, TOMATENSCHEIBEN, APFELSCHEIBEN, SELLERIEBLÄTTER, ANKERKRAUT PFEFFERSYMPHONIE

1. Für den Teig das Mehl, 1 Teelöffel Meersalz fein und den Zucker in einer Schüssel mischen. Die Hefe hinein krümeln. 150 ml Wasser und die Butter dazugeben. Die Zutaten zu einem glatten Teig verkneten. Den Teig zugedeckt an einem warmen Ort etwa 1 Stunde gehen lassen, bis sich das Teigvolumen fast verdoppelt hat.

2. Den Teig in 12 Portionen teilen und auf der bemehlten Arbeitsfläche zu runden oder länglichen Brötchen formen. Die Brötchen auf ein mit Backpapier belegtes Backblech legen und mit einem zweiten, umgedrehten Backblech zudecken. Die Brötchen an einem warmen Ort etwa 15 Minuten gehen lassen.

3. Den Backofen auf Ober-/Unterhitze 200 °C vorheizen. Einen Liter Wasser mit Natron und dem restlichen Meersalz (1 Teelöffel) aufkochen. Die vorbereiten Brötchen einzeln, etwa 15 Sekunden von jeder Seite in die siedende (nicht kochende) Lauge geben. Mit einer Schaumkelle herausheben, etwas abtropfen lassen und wieder auf das Backblech legen.

4. Die Brötchen mit Steak & BBQ Salzflocken bestreuen und im vorgeheizten Backofen etwa 20 Minuten backen. Die Brötchen auf einem Kuchengitter auskühlen lassen.

5. Die Brötchen waagerecht einschneiden. Nach Belieben mit etwas Butter bestreichen und mit Salat, Salamischeiben, Gurkenscheiben, Mini-Mozzarella, Tomatenscheiben, Apfelscheiben, Sellerieblättern und Pfeffer-Symphonie belegen.

— TIPP —

Zum Bestreichen der Pfannkuchen eignet sich auch das etwas mildere Mandelmus und Cashewmus. Eine Alternative ist auch Frischkäse.

ERDNUSS-PFANNKUCHEN-ROLLEN

⏱ 25 MIN.   ✖ 2 PFANNKUCHEN

ZUTATEN

70 G DINKELVOLLKORNMEHL
1 EL WEIZENMEHL (TYPE 405)
1 TL ANKERKRAUT POMMES FRITES SALZ INDISCH
100 ML VOLLMILCH
2 EL MINERALWASSER MIT KOHLENSÄURE
1 EI (GR. M)
2 EL RAPSÖL
30 G GERÖSTETE, GESALZENE ERDNUSSKERNE
3 – 4 EL ERDNUSSBUTTER
1 KOHLRABI (350 G)
1 APFEL (150 G)
1 TL ZITRONENSAFT

1. Für den Teig das Mehl in ein Schüssel geben und mit Pommes Salz indisch verrühren. Milch, Mineralwasser und Ei dazugeben und unterrühren. Den Teig 10 Minuten ruhen lassen.

2. Kohlrabi abspülen, schälen und in lange Stifte schneiden. Den Apfel waschen, vierteln und das Kerngehäuse entfernen. Die Viertel der Länge nach in Spalten schneiden und mit Zitronensaft beträufeln.

3. Den Pfannkuchenteig gut verrühren. Eine beschichtete Pfanne (24 cm Ø am Pfannenboden) mit Öl einfetten. Die Hälfte des Teiges in die Pfanne geben, darin verteilen und von jeder Seite 1 – 2 Minuten goldbraun backen. Den Pfannkuchen auf einem Kuchengitter erkalten lassen. Die andere Teighälfte auf die gleiche Weise backen.

4. Die Erdnusskerne hacken. Die Pfannkuchen mit Erdnussbutter bestreichen und mit den gehackten Nüssen bestreuen. Die Pfannkuchen aufrollen, etwas andrücken und in jeweils 8 Stücke schneiden.

5. Pfannkuchenrollen, Kohlrabisticks und Apfelspalten in eine gut schließende Box verpacken.

„MAMA, PAPA, ICH HABE HUNGER!"

Kinder in der Wachstumsphase

Kategorie

SNACKS FÜR ZWISCHENDURCH

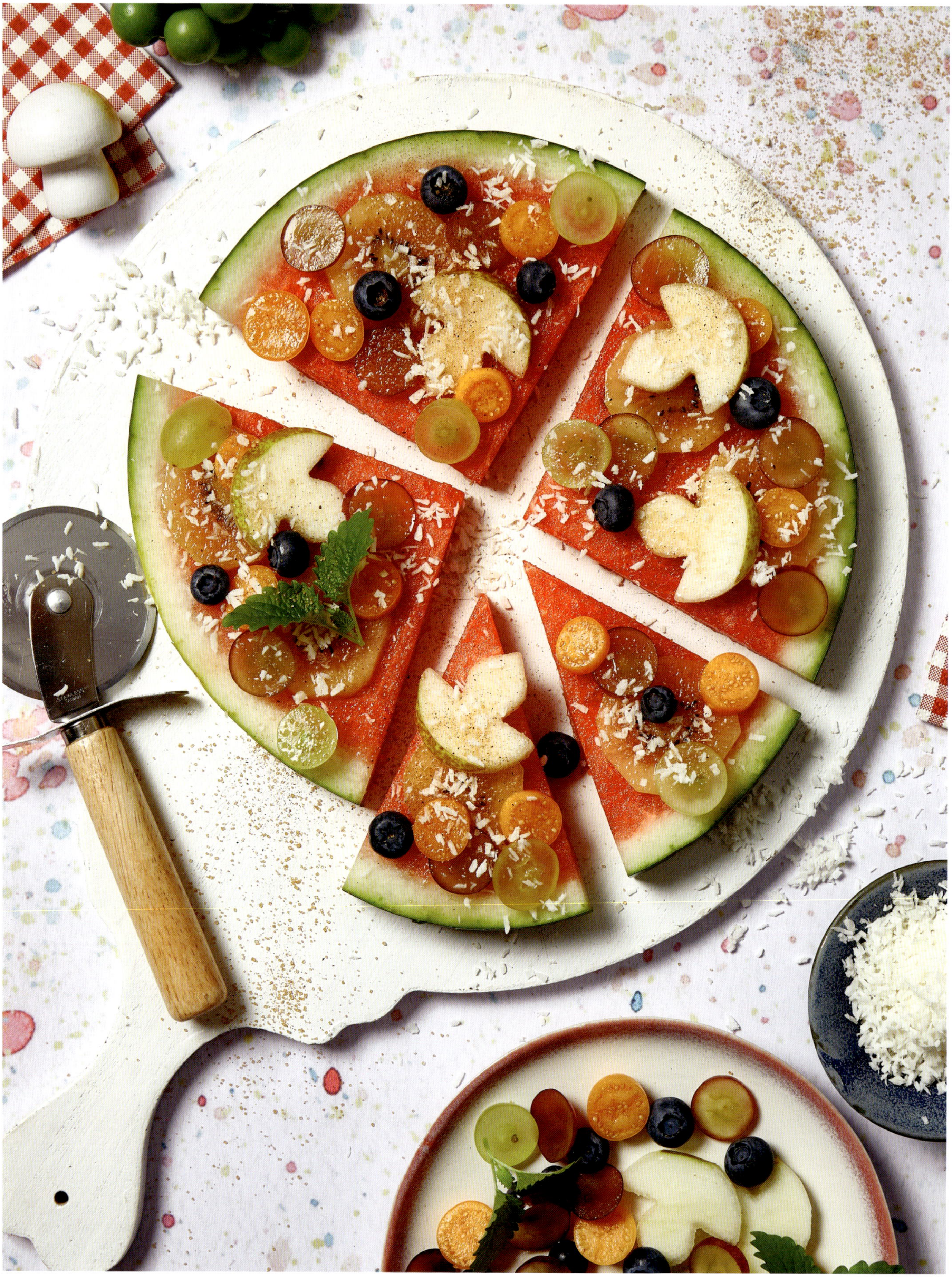

MELONEN-PIZZA

⏱ 25 MIN.   ✖ 4 STÜCK

ZUTATEN

2 SCHEIBEN WASSERMELONE (JE 2 CM DICK, JE ETWA 600 G)
2 GOLDENE KIWIS
1 GROSSE BIRNE
2 TL ZITRONENSAFT
40 G KAPSTACHELBEEREN
100 G HEIDELBEEREN
4-8 WEINTRAUBEN
1 – 2 EL ANKERKRAUT FRUIT & DESSERT
2 EL KOKOSRASPEL
EINIGE STÄNGEL MELISSE ZUM GARNIEREN

AUSSERDEM

EVTL. 1 KEKSAUSSTECHER IN PILZFORM (ETWA 3 CM)

1. Die Melonenscheiben auf 2 Teller legen und in jeweils 4 Stücke schneiden. Die Kiwis schälen und in Scheiben schneiden. Die Birne waschen, trocken tupfen und rundherum Scheiben abschneiden, bis man auf das Kerngehäuse trifft. Aus den Scheiben mit dem Pilzausstecher kleine Pilze ausstechen und mit Zitronensaft bestreichen.

2. Die Beeren und Trauben waschen, trocken tupfen und eventuell in Scheiben schneiden. Die Melonenscheiben nach Belieben mit dem vorbereiteten Obst belegen und mit Fruit and Dessert und Kokosraspel bestreuen.

3. Die Melisse abspülen, trocken tupfen und zum Schluss auf die "Pizza" legen.

— TIPP —

Auch Steckrüben oder Topinambur lassen sich auf die gleiche Weise frittieren und würzen.

BUNTE GEMÜSECHIPS

120 MIN. **4 PORTIONEN**

ZUTATEN

1 AUBERGINE (250 G)
ANKERKRAUT MEERSALZ, FEIN
2 MÖHREN (300 G)
1 PETERSILIENWURZEL (200 G)
2 ROTE BETE (400 G)
1,5 L ÖL ZUM FRITTIEREN
40 G WEIZENMEHL (TYPE 405)
1 – 2 TL ANKERKRAUT POMMES FRITES SALZ
1 – 2 TL ANKERKRAUT POMMES FRITES SALZ KRÄUTER
1 – 2 TL ANKERKRAUT POMMES FRITES SALZ INDISCH

1. Die Aubergine waschen, trocken tupfen und die Enden abschneiden. Die Aubergine in etwa 1 mm dicke Scheiben schneiden, auf zwei Teller verteilen, mit etwas Meersalz bestreuen und etwa 20 Minuten Saft ziehen lassen.

2. Die Möhren und die Petersilienwurzel waschen, schälen und auf dem Gemüsehobel in möglichst dünne Scheiben hobeln. Die Möhren- und Petersilienwurzelscheiben nach Sorten getrennt, auf Küchenpapier legen.

3. Für die Rote Bete Chips die Beten waschen, schälen und auf dem Gemüsehobel in möglichst dünne Scheiben schneiden. (Rote Bete färbt, evtl. Einmal-Handschuhe tragen.)

4. Die Auberginenscheiben mit Küchenpapier trocken tupfen. das Öl in einem Topf auf 170 °C erhitzen. Die Auberginen in kleinen Portionen in das Öl geben und goldbraun frittieren. Anschließend mit einer Schaumkelle herausheben und auf einem Kuchengitter abtropfen lassen. Danach kurz auf Küchenpapier legen. Die Scheiben in eine Schüssel geben und mit Pommes Frites Salz würzen.

5. Petersilienwurzel- und Möhrenscheiben mit Küchenpapier trocken tupfen und wie die Auberginenscheiben frittieren und abtropfen lassen. Die Petersilienwurzelscheiben mit Pommes Frites Salz Kräuter, die Möhrenscheiben mit Pommes Frites Salz würzen.

6. Zum Schluss die Rote Bete Scheiben in Mehl wenden und überschüssiges Mehl abschütteln. Die Scheiben ebenfalls frittieren und wie beschrieben abtropfen lassen. Die Chips mit Pommes Frites Salz indisch bestreuen.

7. Während des Frittierens immer wieder die Temperatur des Öls kontrollieren. Falls die Gemüsescheiben zu schnell braun werden, die Temperatur auf 160 °C reduzieren. Die Chips möglichst frisch servieren.

— TIPP —

Wenn die Kinder sich die Ketten umlegen möchten, sollte Küchengarn verwendet und unempfindliche Kleidung getragen werden.

BUNTE OBSTKETTEN
MIT SÜSSEM SCHMAND

8 KETTEN

ZUTATEN

FÜR DIE KETTEN
250 G HEIDELBEEREN
250 G PHYSALIS
500 G MÖGLICHST BUNTE WEINTRAUBEN
LAKRITZSCHNECKEN
ROTE UND GRÜNE FRUCHTGUMMISCHNÜRE

FÜR DEN SCHMAND
400 G SCHMAND
3 TL ANKERKRAUT OBST FINISHER

AUSSERDEM
STABILE SCHASCHLIKSPIESSE (ZUM LÖCHER BOHREN)
KÜCHENGARN

1. Das Obst waschen, abtropfen lassen und verlesen. Die Beeren und Trauben mit den Schaschlikspießen durchbohren und nach Lust und Laune auf Lakritzschnecken, Fruchtgummischnüre oder Küchengarn ziehen.
2. Schmand mit Obst Finisher vermengen und mit einem Schneebesen zu einer glatten Masse verrühren.
3. Die Obstketten vor dem direkten Verzehr entweder in den Schmand dippen oder mit einem Löffel etwas über die Ketten geben.

— TIPP —

Beide Sorten Popcorn schmecken frisch zubereitet am besten, lange kann ich eh nicht warten.

POPCORN

MIT SALZ & SCHOKOLADE

10 MIN.   4 PORTIONEN

ZUTATEN

50 G POPCORN MAIS
2 EL RAPSÖL
100 G WEISSE SCHOKOLADE
1,5 EL ANKERKRAUT ZITRONEN-FLOCKENSALZ

1. Den Popcorn Mais und das Öl in einem Topf (mind. 3 l Inhalt) vermengen. Den geschlossenen Topf bei mittlerer bis starke Hitze aufheizen. Sobald die ersten Körner zu platzen beginnen, die Hitze etwas reduzieren. Den Topf zwischendurch hin und her bewegen, damit alle Körner platzen. Den Deckel erst abnehmen, wenn keine Körner mehr platzen. Ein Backblech mit Backpapier belegen.

2. Die Schokolade grob hacken und mit Zitronen-Flockensalz mischen. Das heiße Popcorn auf dem Backblech verteilen, sofort mit der Schokoladen-Salzmischung bestreuen und wenden.

MIT KARAMELL

15 MIN.   4 PORTIONEN

ZUTATEN

50 G POPCORN MAIS
2 EL RAPSÖL
1 – 2 TL ANKERKRAUT GEBRANNTE MANDEL GEWÜRZ
100 G ZUCKER
20 G GEHOBELTE MANDELN

1. Das Popcorn wie oben beschrieben herstellen. Das heiße ungewürzte Popcorn mit Gebrannte Mandel Gewürz mischen. Ein Backblech mit Backpapier belegen.

2. Den Zucker in einem zweiten Topf goldbraun karamellisieren, die Mandeln unterheben. Den Mandel-Karamell sofort in dünnem Strahl auf das Popcorn träufeln, dabei das Popcorn mit einem Holzlöffel umrühren, damit sich der Karamell gleichmäßig verteilt. Das Popcorn auf dem Backblech verteilen und erkalten lassen.

—TIPP—

Die Nektarine kann durch einen Pfirsich, 2 – 3 Aprikosen oder etwas Mango ersetzt werden.

JOGHURT-GRANOLA-EIS

25 MIN.   8 EIS

ZUTATEN

FÜR DAS GRANOLA

80 G KERNIGE HAFERFLOCKEN
½ TL ANKERKRAUT APFELKUCHEN GEWÜRZ
3 EL AHORNSIRUP
ANKERKRAUT MEERSALZ, FEIN
40 G GEHACKTE MANDELN
25 G GEHACKTE PISTAZIENKERNE
1 EL ANKERKRAUT KAKAONIBS

FÜR DIE JOGHURTMASSE

1 NEKTARINE (90 G)
250 G ERDBEEREN
400 G GRIECHISCHER JOGHURT (10 % FETT)
2 EL PUDERZUCKER

AUSSERDEM

8 STIELEISFORMEN (JE ETWA 100 ML INHALT) MIT ABDECKPLATTE
8 EISSTIELE

1. Für das Granola den Backofen auf Ober-/Unterhitze 180 °C vorheizen. Haferflocken, Apfelkuchen Gewürz, Ahornsirup und 1 Prise Meersalz in einer großen Schüssel mischen. Mandeln, Pistazienkerne und Kakaonibs unterheben.

2. Ein Backblech mit Backpapier belegen. Die Granolamischung darauf verteilen und im vorgeheizten Backofen etwa 15 Minuten backen. Anschließend abkühlen lassen.

3. Die Nektarine waschen, halbieren, den Stein entfernen und das Fruchtfleisch in kleine Würfel schneiden. Die Erdbeeren waschen, trocken tupfen und das Grün entfernen. Die Erdbeeren pürieren.

4. Joghurt und Puderzucker verrühren, 2 Esslöffel davon unter das Erdbeerpüree rühren. Die Nektarinenwürfel und zwei Drittel des Granolas unter den restlichen Joghurt heben. Die Joghurtmasse und das Erdbeerpüree in die Formen schichten. Die Abdeckplatte auflegen und jeweils einen Stiel in die Eismasse stecken. Die Joghurtmasse mindestens 3 Stunden gefrieren lassen.

5. Die Eisformen kurz in warmes Wasser tauchen, das Eis aus der Form lösen und mit restlichem Granola bestreuen.

„ICH MÖCHTE EINEN LÖWEN-GEBURTSTAG"

Alles klar, safari!

Kategorie

FÜR KINDERGEBURTSTAGE

AUSTRALIA

— TIPP —

Für meine "Löwenmähne" sollen dünne Möhren- oder Kohlrabistreifen verwendet werden.

KLEINER LÖWE

AUS HUMMUS & PAPRIKASTREIFEN

35 MIN. 4 PORTIONEN

ZUTATEN

1 DOSE KICHERERBSEN (265 G ABTROPFGEWICHT)
3 EL OLIVENÖL
1 – 2 TL ANKERKRAUT HUMMUS GEWÜRZ
2 – 3 EL SESAMPASTE (TAHIN)
600 G PAPRIKASCHOTEN, ROT, GELB UND ORANGE
4 SCHWARZE ENTSTEINTE OLIVEN
EINIGE SCHNITTLAUCHHALME
1 – 2 TL SCHWARZER SESAM
2 RUNDE BROTCHIPS

1. Für das Hummus die Kichererbsen in einem Sieb abspülen und abtropfen lassen. Anschließend mit dem Öl, 1 Teelöffel Hummus Gewürz, Sesampaste und 6 Esslöffel Wasser in einem hohen Rührbecher fein pürieren. Das Püree mit Hummus Gewürz abschmecken.

2. Die Paprikaschoten putzen, längs vierteln, abspülen und trocken tupfen. Die Innenhäute der Schoten entfernen. Die Viertel der Länge nach in dünne Streifen schneiden.

3. Das Hummus in eine kleine Schüssel füllen und in die Mitte eines großen Tellers stellen. Die Paprikastreifen um die Schüssel herum verteilen. Für das Löwengesicht die Oliven halbieren bzw. in Streifen schneiden. Den Schnittlauch abspülen, trocken tupfen und für die "Barthaare" verwenden. Stirn und Wangen des "Löwen" mit Sesam bestreuen, die Stirn zusätzlich mit etwas Hummus Gewürz bestreuen. Die Brotchips für die "Ohren" verwenden.

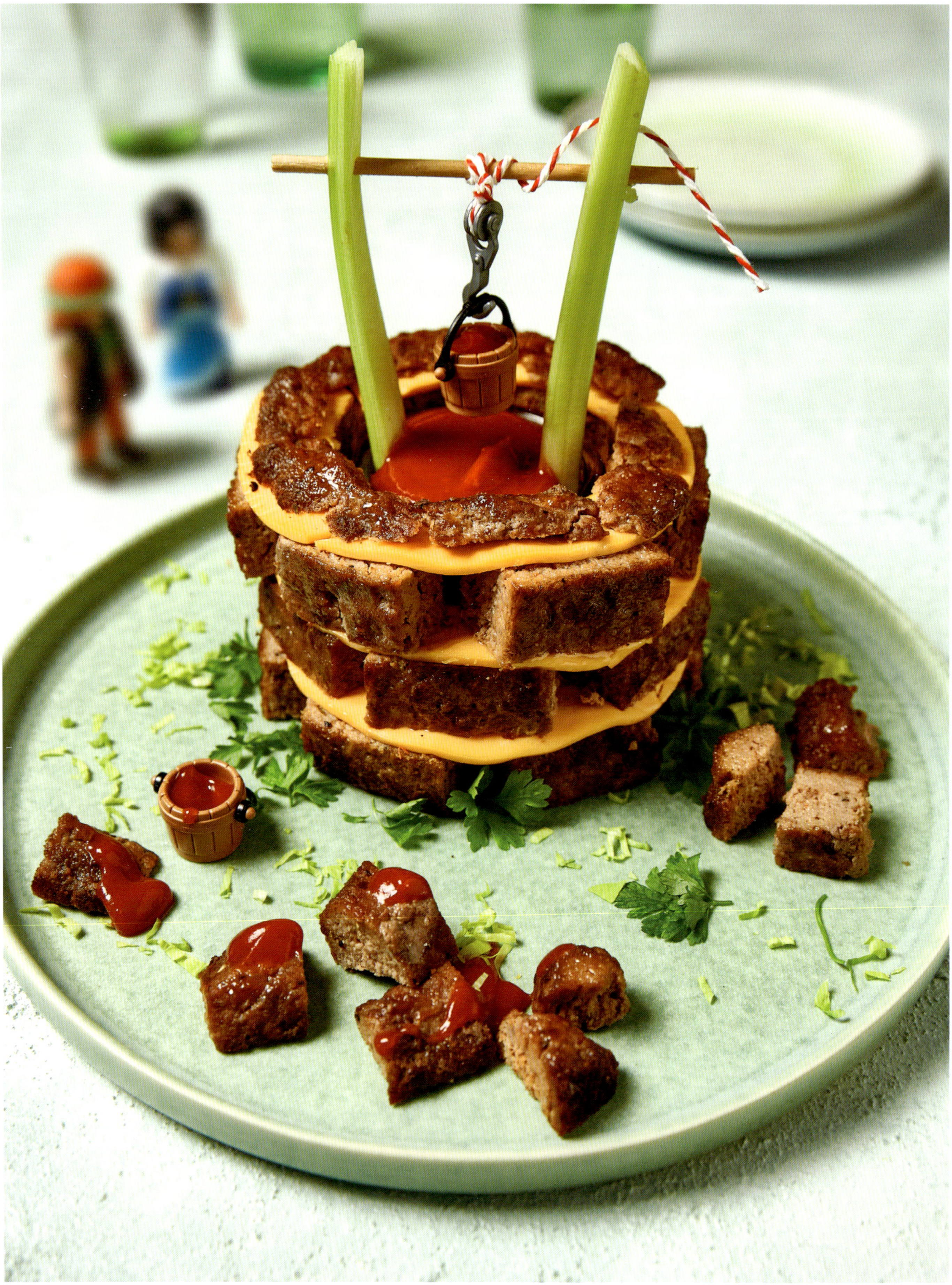

BULETTEN BRUNNEN

⏱ 50 MIN.   ✗ 4 PORTIONEN

ZUTATEN

2 SCHEIBEN TOASTBROT
500 G GEMISCHTES HACKFLEISCH
1 EI (GR. M)
1 – 2 EL ANKERKRAUT BULETTEN UND FRIKADELLEN GEWÜRZ
3 EL RAPSÖL
ETWA 150 G SCHMELZKÄSESCHEIBEN Z. B. CHEDDAR
120 G TOMATENKETCHUP
2 STANGEN STAUDENSELLERIE MIT BLÄTTERN
EINIGE BLÄTTER GLATTE PETERSILIE

AUSSERDEM

1 KLEINES GERADES GLAS (ETWA 100 ML INHALT)
2 RUNDE AUSSTECHER (Ø 12 CM UND 7,5 CM)
1 SCHASCHLIKSPIESS ODER LOLLIESTIEL

1. Das Toastbrot in kaltem Wasser einweichen. Hackfleisch, Ei und 1 Esslöffel Buletten Gewürz in eine Schüssel geben. Das Toastbrot ausdrücken, zerzupfen und dazu geben. Die Zutaten in der Schüssel verkneten und mit Buletten Gewürz abschmecken.

2. Die Bulettenmasse auf einem Stück Backpapier zu einem Quadrat von 17 x 17 cm formen. Das Öl in einer Pfanne erhitzen. Das Quadrat in die Pfanne geben und das Papier abziehen. Das Hackfleisch von beiden Seiten bei niedriger bis mittlerer Hitze etwa 8 Minuten braten, dabei immer flach drücken. Zum Wenden auf eine Platte oder einen Topfdeckel gleiten lassen. Anschließend auf dem Schneidbrett abkühlen lassen.

3. Die Bulette in 3 cm lange und 2 cm breite Streifen schneiden. Die Abschnitte beiseite legen. Das Glas auf eine Platte stellen. 6 Bulettenstreifen als Ring auf die Platte, um das Glas legen. 3 Scheiben Schmelzkäse so zurechtschneiden und auf ein Stück Backpapier legen, dass ein etwa 12 cm großes Quadrat entsteht. Einen etwa 12 cm großen und etwa 2 cm breiten Ring ausstechen und mit Hilfe des Backpapiers auf den Bulettenring legen. Das Backpapier abziehen. Auf die gleiche Weise zwei weitere Lagen Buletten und Käse darauf schichten.

4. Von einigen Bulettenabschnitten die Kruste abschneiden und auf die obere Käseschicht legen. Die übrigen Bulettenabschnitte auf die Platte legen. Den Sellerie abspülen, trocken tupfen und die Blätter beiseite legen. Die Selleriestangen auf etwa 15 cm Länge kürzen, und mit dem Schaschlikspieß verbinden. Den Stab auf etwa 10 cm Länge kürzen. Das Sellerie-Gestell in das Glas stellen. Das Glas mit Ketchup füllen.

5. Petersilienblätter abspülen und zusammen mit dem Selleriegrün in Streifen schneiden und auf den Teller streuen.

DIE PERFEKTE KINDERPARTY

FEIERN WIE DIE GROSSEN OB BIRTHDAY BASH, GARTENFEST ODER MOTTOPARTY: DAMIT DIE ZWERGENPARTY FÜR DIE KLEINEN EIN SPASS WIRD UND DIE ELTERN STRESSFREI DARAN TEILHABEN KÖNNEN, SOLLTE DER TAG GUT VORBEREITET SEIN. WIR HABEN EUCH EINE CHECKLISTE ZUSAMMENGESTELLT, DIE (FAST) ALLE EVENTUALITÄTEN ABDECKT. WENN DANN DOCH EIN KIND MIT TORTENSCHLACHT BEGINNT, HILFT NUR NOCH GELASSENHEIT.

DOS & DONT'S

-01- GÄSTEAUSWAHL

Die Gästeliste ist lang und in der Schule wird schon heiß diskutiert, wer wohl auf der Party anzutreffen ist. Überlass die Entscheidung, wer eine Einladung zur Feier bekommt, dem Geburtstagskind. Dieser Tag gehört ganz ihm.

-02- EINLADUNG

Die Vorbereitungen für die Party starten schon mit der Einladung, denn hier kann das Geburtstagskind selbst kreativ werden. Gibt es ein Motto? Dann kann das Thema auf der Karte schon mit einfließen. #spoileralarm

-03- DAUER

Früher kamen einem die Feiern viel länger vor, als sie wirklich waren. Um die Kleinen nicht zu überfordern, ist es ratsam die Dauer zu limitieren. Als Faustregel gilt: zwischen 3 - 6 Jahre max. 3 Std., zwischen 7 - 12 Jahre max. 5 Std.

-04- ELTERN WEG

Besonders bei kleineren Kindern kann der Abschied von den Eltern zunächst ungewohnt sein. Das Beste ist dann, die Eltern schnell „loszuwerden" und mit dem Programm zu beginnen. So werden die Kleinen abgelenkt und die Feier kann starten!

-05- GESCHENKE

Das Geschenkeauspacken ist für das Geburtstagskind wie die Kirsche auf der Torte. Um zu verhindern, dass die Päckchen einfach aufgerissen und beiseite gelegt werden, sollte jedem Geschenk Aufmerksamkeit gewidmet werden.

-06- SPIELE

Wird zu Hause gefeiert mit Spielen wie Topfschlagen, Stoptanz und Schokokuss-Wettessen? Oder macht ihr einen Ausflug? So oder so sollte der Tag geplant, das Equipment bereitgestellt und die Gewinne parat gelegt werden.

-07- ESSEN & TRINKEN

Zwischen der ganzen Feierei, dem Geschenke auspacken und Spiele spielen brauchen die Kinder eine Stärkung. In diesem Kapitel findest du einige Rezeptideen, damit hungrige Geburtstagsgäste auf jeden Fall nicht verhungern.

-08- NO NASCHI

Wie wäre es anstelle der klassischen Naschi-Tüte, die es am Ende der gelungenen Party zur Verabschiedung gibt, mit einem hübsch verzierten Ankerkraut Korkenglas als Stiftehalter, Eier-Becher oder Kräuter-Topf mit Samen?

MOTTO PARTY IDEEN:

- SAFARI
- WILD WILD WEST
- FEENLAND
- MEERESWELT
- LIEBLINGSTIER
- MÄRCHENWELT
- DINOSAURIER
- LIEBLINGSFILM
- FEUERWEHR
- WELTRAUM
- PRINZESSIN
- PIRAT
- EINHORN
- ZOO
- PONYHOF
- LIEBLINGSSPORT
- ANDERE LÄNDER
- COLOUR SPLASH
- DSCHUNGEL
- GEISTERSTUNDE

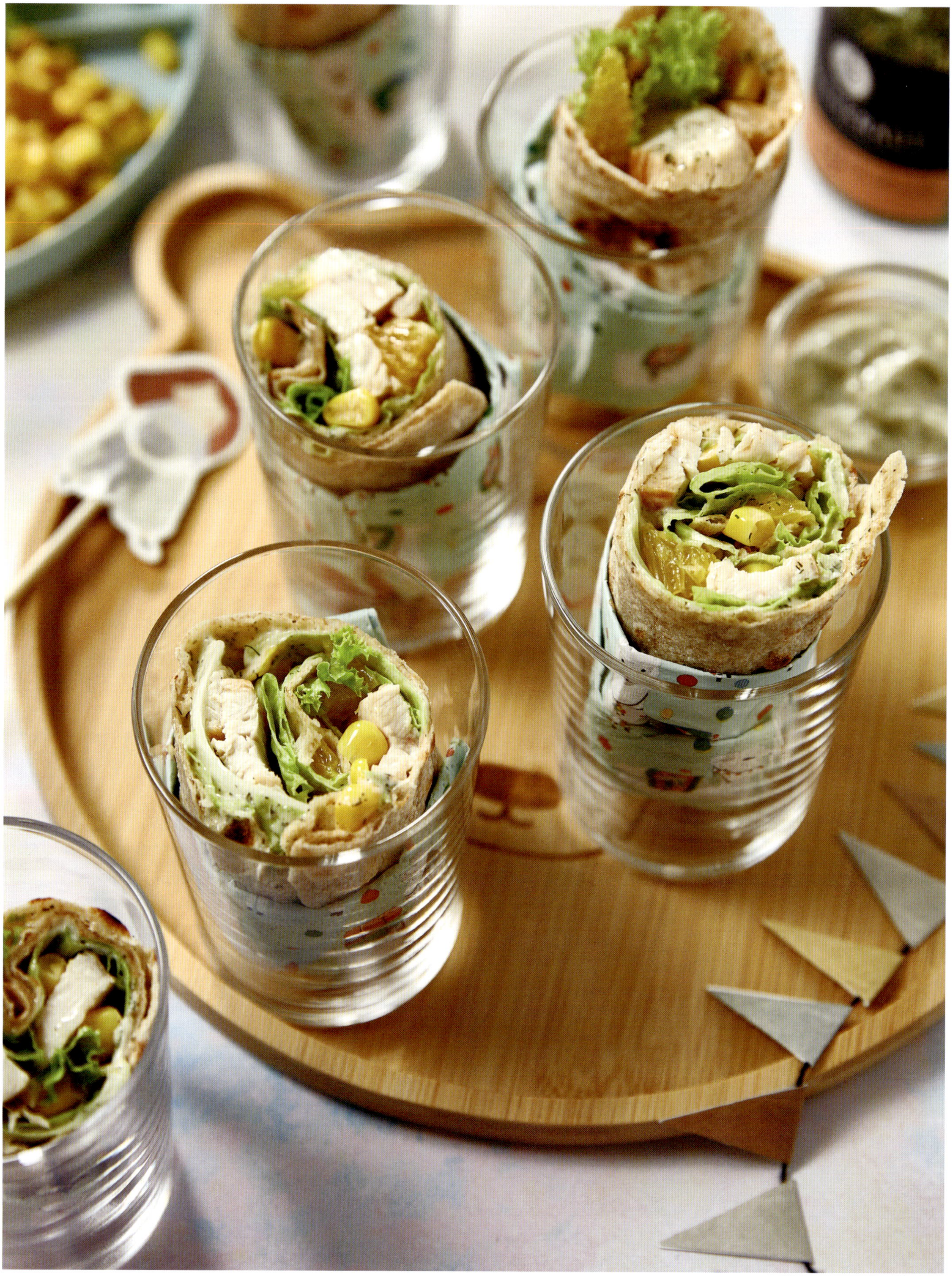

MINI-WRAPS
MIT HÄHNCHENBRUST

40 MIN.   6 WRAPS

ZUTATEN

200 G WEIZENVOLLKORNMEHL
ETWAS MEHL ZUM AUSROLLEN
ANKERKRAUT MEERSALZ, FEIN
2 EL RAPSÖL
200 G HÄHNCHENBRUSTFILET
ANKERKRAUT PFEFFER-SYMPHONIE
1 BIO-ORANGE
1 – 2 TL ANKERKRAUT SALATGEWÜRZ GARTENKRÄUTER
50 G LOLLO BIONDA ODER ANDERER GRÜNER SALAT
½ DOSE GEMÜSEMAIS (140 G ABTROPFGEWICHT)
3 EL SALATMAYONNAISE

AUSSERDEM

EVTL. KLEINE SPIESSE ODER ZAHNSTOCHER ZUM FIXIEREN

1. Für den Teig Mehl, 1 Teelöffel Meersalz, 1 Esslöffel Öl und 125 ml Wasser in eine Schüssel geben und mit dem Mixer (Rührbesen) verkneten. Den Teig zugedeckt 1 Stunde ruhen lassen.

2. Inzwischen das Fleisch mit Küchenpapier abtupfen. Restliches Öl (1 Esslöffel) in einer Pfanne erhitzen. Das Fleisch darin etwa 5 Minuten von jeder Seite bei mittlerer Hitze braten und mit Salz und Pfeffer würzen. Die Orange heiß abwaschen, trocken reiben und etwas Orangenschale fein abreiben. Die Orange so dick schälen, dass auch die weiße Haut entfernt wird. Die Orangenfilets zwischen den Trennhäuten herausschneiden, dabei den Orangensaft auffangen. Den Saft zum Bratensatz in die Pfanne geben, auf 2 Esslöffel einkochen lassen und mit Salatgewürz verrühren. Fleisch und eingekochten Bratensatz abkühlen lassen.

3. Den Salat waschen, putzen und in mundgerechte Stücke zupfen. Den Mais in einem Sieb abspülen und abtropfen lassen. Mayonnaise mit eingekochtem Bratensaft verrühren und mit Salz und Pfeffer würzen.

4. Den Wrapteig in 6 Portionen teilen und auf der bemehlten Arbeitsfläche zu 6 runden Fladen (Ø etwa 22 cm) ausrollen. Die Wraps nacheinander in einer beschichteten Pfanne, ohne Fett bei mittlerer Hitze von beiden Seiten jeweils 30 Sekunden braten. Die Wraps auf eine Platte legen und sofort mit einem passenden Topfdeckel zudecken, damit sie feucht bleiben.

5. Das Hähnchenfleisch in Streifen schneiden. Die Wraps nebeneinander ausbreiten. In die Mitte jedes Wraps jeweils etwas Mayonnaise, Salat, Hähnchenfleisch, Mais und einige Orangenfilets geben.

6. Eine Seite des Wraps zur Mitte über die Füllung legen. Die beiden Seiten rechts und links davon ebenfalls zur Mitte über die Füllung legen, dann zur offenen Seite hin fest aufrollen. Die Wraps in der Mitte durchschneiden, evtl. mit kleinen Spießen fixieren, in Servietten wickeln und in kleine Gläser stellen.

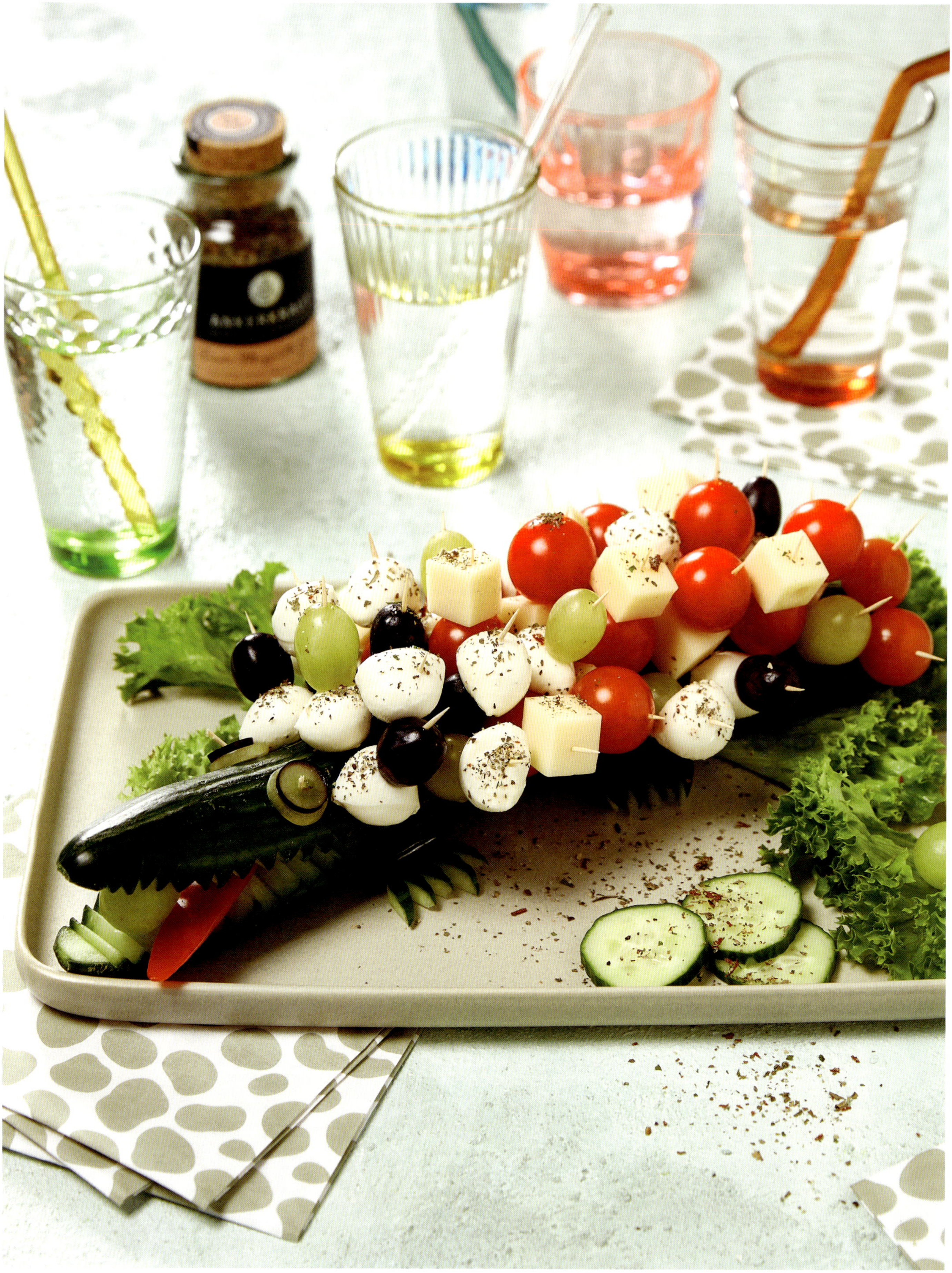

GURKEN-KROKODIL

⏱ 35 MIN.   ✖ 1 KROKODIL

ZUTATEN

1 SALATGURKE
1 STÜCK SALATGURKE (8 CM)
ETWA 200 G WEINTRAUBEN GRÜN UND BLAU ODER ROT
ETWA 150 G KIRSCHTOMATEN
6 BLÄTTER LOLLO BIONDA (ODER ANDERER BLATTSALAT)
1 STREIFEN ROTE PAPRIKA
200 G JUNGER GOUDA KÄSE
1 PCK. MINI MOZZARELLA (125 G)
1 TL ANKERKRAUT TOMATE-MOZZARELLA GEWÜRZ

AUSSERDEM

KLEINE HOLZSPIESSE/ ZAHNSTOCHER

1. Die Gurke und das Gurkenstück abspülen und abtrocknen. Die Weintrauben heiß abwaschen und auf Küchenpapier abtropfen lassen. Die Tomaten, den Salat und den Paprikastreifen waschen und abtropfen lassen. Den Gouda in etwa 1,5 cm große Würfel schneiden. Den Mozzarella abtropfen lassen.

2. Für das "Maul" des Gurkenkrokodils von einer Gurkenspitze aus 10 cm abmessen und markieren. Die Gurke von der Spitze bis zur Markierung waagerecht durchschneiden. Das "Krokodilmaul" leicht öffnen und beide Hälften des "Mauls" quer, zickzackartig einkerben. Den Paprikastreifen und eine grüne Traube in das "Maul" legen.

3. Das "Gurkenkrokodil" auf eine Platte legen. Von den Seiten des Gurkenstücks 4 Füße abschneiden, einkerben und unter das "Gurkenkrokodil" legen. Den Rest des Gurkenstücks in Scheiben schneiden. Von einer blauen und einer grünen Weintraube je 2 Scheiben für die "Augen" abschneiden und mit einem halbierten Zahnstocher auf dem "Gurkenkrokodil" fixieren.

4. Mozzarellakugeln und Käsewürfel mit Weintrauben oder Tomaten auf Zahnstocher stecken und in das "Gurkenkrokodil" stecken. Salatblätter, Gurkenscheiben und restliche Trauben auf die Platte legen.

5. Das "Gurkenkrokodil" vor dem Servieren mit Tomate-Mozzarella Gewürz bestreuen.

—TIPP—

Mit saurer Sahne oder Schmand und mit einer halben, in dünne Streifen geschnittenen Gurke angerichtet ist das Chili nicht so scharf. Dazu passt z. B. auch Baguette, Ciabatta oder gekochter Reis.

CHILI SIN CARNE

⏱ 30 MIN.   ✗ 6–8 PORTIONEN

ZUTATEN

2 ZWIEBELN (60 G)
2 EL OLIVENÖL
2 EL TOMATENMARK
2 DOSE STÜCKIGE TOMATEN (JE 400 G)
1 PCK. PASSIERTE TOMATEN (500 G)
350 ML ANKERKRAUT GEMÜSEBRÜHE
150 G SONNENBLUMENHACK (A.D. BIOLADEN)
3 – 4 EL ANKERKRAUT CHILI CON CARNE GEWÜRZ, MILD
2 DOSEN KIDNEYBOHNEN (JE 240 G ABTROPFGEWICHT)
1 DOSE MAIS (ABTROPFGEWICHT 285 G)
ANKERKRAUT MEERSALZ, FEIN
1 TL FLÜSSIGER HONIG

1. Die Zwiebeln schälen und in kleine Würfel schneiden. Das Öl in einem Topf erhitzen und die Zwiebelwürfel darin anschwitzen. Tomatenmark dazugeben und kurz anschwitzen. Stückige und passierte Tomaten und Gemüsebrühe unterrühren und aufkochen.

2. Das Sonnenblumenhack und Chili con Carne Gewürz, mild unterrühren und aufkochen. Das Ganze etwa 10 Minuten zugedeckt köcheln lassen.

3. Bohnen und Mais in einem Sieb abspülen, abtropfen lassen, zur Tomaten-Hackmasse in den Topf geben und aufkochen. Das Chili im offenen Topf etwa 15 Minuten köcheln lassen. Danach mit Meersalz, Chili con Carne Gewürz und Honig abschmecken.

— TIPP —

Die Kekse dafür können auch im Voraus gebacken werden. Sie halten sich in gut schließenden Blechdosen etwa 2 Wochen.

SMORES

⏱ 50 MIN. ✖ 20 STÜCK

ZUTATEN

250 G WEIZENMEHL
MEHL ZUM BEARBEITEN
60 G PUDERZUCKER
1 PRISE ANKERKRAUT MEERSALZ, FEIN
2 – 3 TL ANKERKRAUT APFEL-ZIMT PORRIDGEGEWÜRZ
140 G BUTTER
1 EI (GR. M)
60 MINI-MARSHMALLOWS (300G)
150 G VOLLMILCHSCHOKOLADE

AUSSERDEM

1 BLÜTENAUSSTECHER (Ø ETWA 6 CM)
ETWA 20 LOLLIESTIELE

1. Mehl, Puderzucker, Meersalz und 2 Teelöffel Apfel-Zimt Porridgegewürz in einer Schüssel mischen. Butter in kleinen Stücken dazugeben. Das Ei dazugeben. Die Zutaten mit dem Mixer (Knethaken) zu einem Teig kneten. Den Teig zudecken und mindestens 1 Stunde kühl stellen.

2. Den Backofen auf Ober-/ Unterhitze 180 °C vorheizen. Den Teig auf der bemehlten Arbeitsfläche 2 - 3 mm dick ausrollen. Etwa 40 Blüten ausstechen, auf 2 mit Backpapier belegte Backbleche legen und 8 - 10 Minuten goldbraun backen. Anschließend abkühlen lassen.

3. Den Grill des Backofens einschalten. Für die Deckel der Smores, 20 Blüten auf ein Backblech legen und jeweils einen Mini-Marshmallow darauf platzieren und kurz unter dem Backofengrill bräunen.

4. Auf die übrigen 20 Blüten jeweils 1 – 2 Stücke Schokolade, einen Keksstiel und 2 Mini-Marshmallows legen. Die Blüten kurz unter dem Backofengrill bräunen. Sofort die Deckel auflegen und andrücken. Die Smores mit etwas Apfel-Zimt Porridgegewürz bestreuen.

„MAMA, PAPA, SETZT EUCH!"

Es(sen) ist angerichtet.

Kategorie

KIDS AN DEN HERD

BROTTELLER & MESSER

Um den ersten Bärenhunger zu stillen, kannst du einen Brotkorb mit Tellerchen und Brotmessern auf den Tisch stellen.

DESSERTLÖFFEL

Egal, wie satt man ist, Nachtisch geht immer. Es gilt: kleine Gabel für Kuchen, kleiner Löffel für alle anderen Desserts.

SERVIETTE

Gefaltet sehen sie nicht nur hübsch aus, sondern sind auch wichtige Helferlein, falls dann doch mal etwas daneben geht.

HAUPTSPEISEN-BESTECK

Für den Hauptgang legst du ein normales Messer und eine Gabel neben den Teller. Gabel links, Messer rechts.

TISCH LEIN DECK DICH

GLAS

Das Wasserglas wird neben den Teller gestellt. Vielleicht auch ein Weinglas, wenn Mama und Papa zum Essen gern mal ein Gläschen Wein trinken.

MÖCHTEST DU DEINEN ELTERN EINE FREUDE BEREITEN UND SIE ÜBERRASCHEN? DANN SPITZE JETZT DIE OHREN, WIR GEBEN DIR EINE ANLEITUNG FÜR DEN PERFEKT GEDECKTEN TISCH.

VORSPEISENBESTECK/ SUPPENLÖFFEL

Gibt es eine Vorspeise? Um richtig Eindruck zu schinden, kannst du passendes Vorspeisenbesteck auf den Tisch legen. Bei Suppe gibt es einen Suppenlöffel!

TELLER

Die Teller für Vorspeise und Hauptgericht kannst du schon auf den richtigen Platz stellen. Der Dessertteller kommt später.

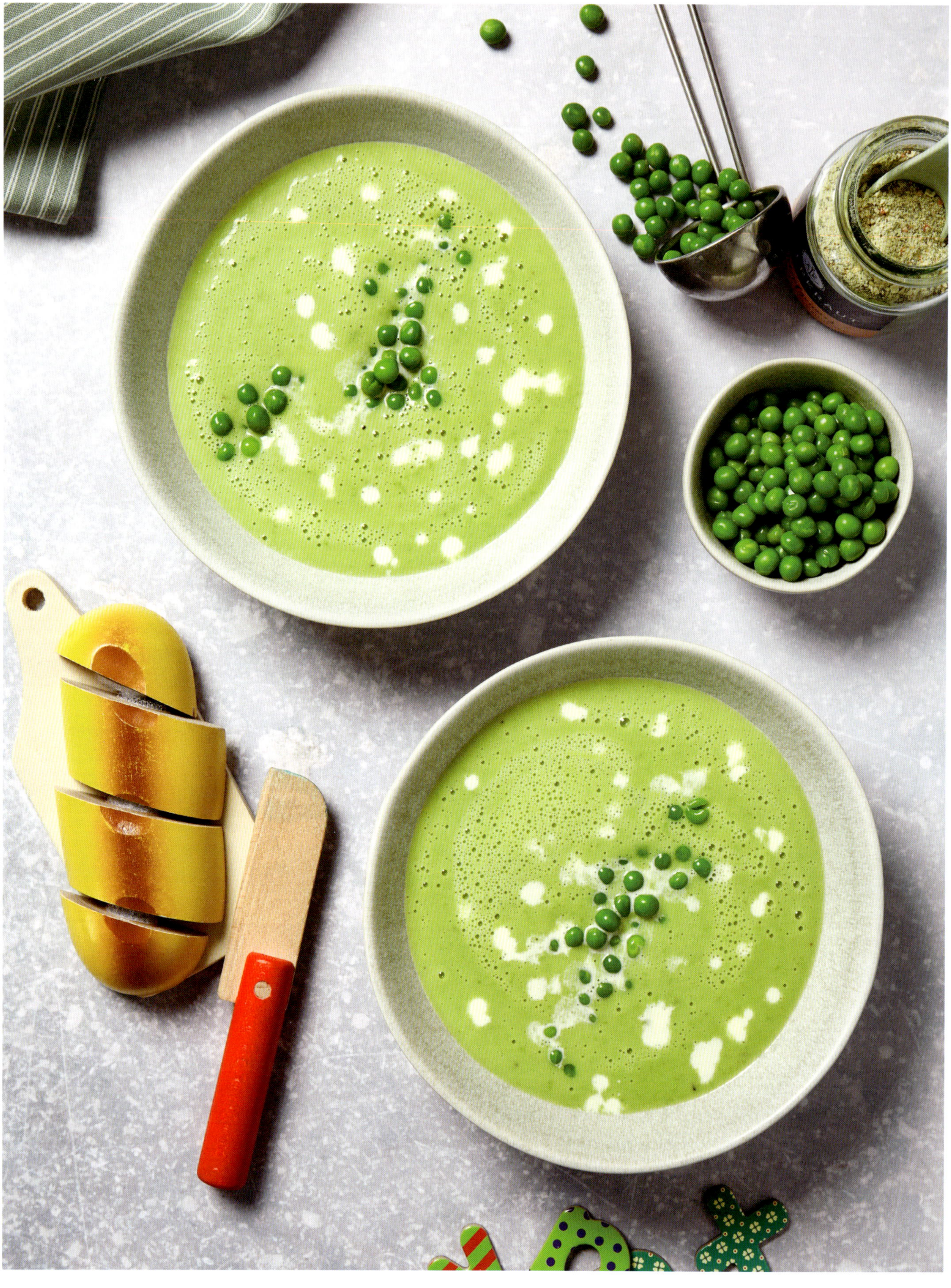

GRÜNE ERBSENSUPPE

30 MIN.　4 PORTIONEN

ZUTATEN

1 ZWIEBEL (50 G)
50 G LAUCH
150 G KARTOFFELN
30 G BUTTER
750 ML ANKERKRAUT GEMÜSEBRÜHE
100 ML SCHLAGSAHNE
2 EL SAHNE ZUM BETRÄUFELN
500 G TK-ERBSEN
1 TL ANKERKRAUT EINTOPF GEWÜRZ
1 – 2 EL LIMETTENSAFT
ANKERKRAUT ROH-ROHRZUCKER
ANKERKRAUT MEERSALZ, FEIN

1. Die Zwiebel schälen und in Würfel schneiden. Den Lauch waschen, abtropfen lassen und in feine Streifen schneiden. Die Kartoffeln waschen, schälen und in kleine Würfel schneiden.

2. Die Butter in einem Topf schmelzen. Zwiebelwürfel und Lauchstreifen darin 2 Minuten anschwitzen. Die Kartoffelwürfel und die Brühe dazugeben, aufkochen und 10 Minuten zugedeckt köcheln lassen.

3. Die Sahne, 400 g tiefgekühlte Erbsen und 1 Teelöffel Eintopf Gewürz in die Suppe geben und zugedeckt 8 Minuten köcheln lassen. Inzwischen die restlichen Erbsen in eine Schüssel geben, mit heißem Wasser bedecken und darin ziehen lassen.

4. Die Suppe mit dem Pürierstab schaumig pürieren und mit Limettensaft, Roh-Rohrzucker und eventuell Meersalz abschmecken. Die übrigen Erbsen (100 g) in einem Sieb abtropfen lassen.

5. Die Suppe portionsweise anrichten und mit den Erbsen bestreuen. Die restliche Sahne mit einem Teelöffel auf die Suppe träufeln.

— TIPP —

Legt euch vorher Gemüsebürste, Sieb, Schneidbrett, Backblech, Löffel, Messer, kleine Schüsseln, Küchenpapier, Topflappen und Pfannenwender bereit.

HÄHNCHEN-KEULEN
MIT KARTOFFELN VOM BLECH

70 MIN.   4 PORTIONEN

ZUTATEN

1 KG KLEINE FESTKOCHENDE KARTOFFELN
6 EL OLIVENÖL
2 EL ANKERKRAUT BRATKARTOFFEL GEWÜRZ
4 HÄHNCHENKEULEN (JE ETWA 250 G)
1 – 2 EL BRATHÄHNCHEN GEWÜRZ
2 SALATGURKEN
1 SCHEIBE WASSERMELONE (ETWA 250 G)
2 EL WEISSWEINESSIG ODER ANDERER HELLER ESSIG
ANKERKRAUT MEERSALZ, FEIN
1 BIO-LIMETTE
ETWAS SCHNITTLAUCH

1. Den Backofen auf Ober-/ Unterhitze 200 °C vorheizen. Die Kartoffeln gründlich waschen, in einem Sieb abspülen und abtropfen lassen. Ein Backblech mit 2 Esslöffel Olivenöl bestreichen und mit Bratkartoffel Gewürz bestreuen. Die Kartoffeln der Länge nach durchschneiden und jeweils mit der Schnittfläche nach unten auf das Backblech in das Gewürz legen.

2. Die Keulen mit Küchenpapier abtupfen. Einen Esslöffel Brathähnchen Gewürz mit 2 Esslöffel Olivenöl verrühren. Die Hähnchenkeulen mit dem Gewürzöl einreiben. Die Keulen mit der Fleischseite nach unten zwischen die Kartoffeln legen. Das Backblech in den vorgeheizten Backofen schieben. Kartoffeln und Hähnchenkeulen etwa 40 Minuten backen.

3. In der Zwischenzeit die Gurken waschen, abtrocknen und die Enden abschneiden. Jede Gurke in der Mitte quer durchschneiden. Die vier Stücke der Länge nach durchschneiden, flach hinlegen und nochmals längs durchschneiden. Die Gurkenstreifen quer in dünne Scheiben schneiden.

4. Die Wassermelone schälen, in kleine Würfel schneiden und zu den Gurkenscheiben geben. Weißweinessig, 1 Teelöffel Meersalz und restliches Olivenöl (2 Esslöffel) dazugeben und mit Gurkenscheiben und Melonenwürfeln vermengen. Die Limette heiß abwaschen, abtrocknen, halbieren und in Spalten schneiden. Den Schnittlauch abspülen und mit Küchenpapier abtupfen. Mit Essig und Meersalz nachwürzen.

5. Wenn die Hähnchenkeulen gar sind, das Backblech aus dem Ofen nehmen. Die Hähnchenkeulen auf 4 Teller verteilen und mit Schnittlauch und Limettenspalten anrichten. Die Kartoffeln mit einem Pfannenwender vom Backblech lösen, auf dem Backblech im Sud wenden und auf die Teller verteilen.

—TIPP—

Dieses Dessert kann mit frischen oder tiefgekühlten Beeren zubereitet werden. Wer mag, garniert es zusätzlich mit 100 g pürierten Beeren und 2 Esslöffel Ankerkraut Kakaonibs.

BEERENTRAUM

20 MIN.   4 PORTIONEN

ZUTATEN

500 G HIMBEEREN ODER GEMISCHTE BEEREN
4 EL ANKERKRAUT KOKOSBLÜTENZUCKER
1 PRISE ANKERKRAUT MEERSALZ, FEIN
2 PCK. SAHNEFESTIGER
500 G VOLLMILCHJOGHURT
200 G SCHLAGSAHNE
100 G BAISER
50 G CANTUCCINI

1. Die Himbeeren verlesen. Gemischte Beeren waschen, abtropfen lassen, putzen und eventuell in Stücke schneiden.

2. Kokosblütenzucker, Meersalz und Sahnefestiger mischen. Die Hälfte davon unter den Joghurt rühren. Die Sahne steif schlagen, dabei das restliche Sahnesteif-Gemisch einrieseln lassen. Die Sahne unter den Joghurt heben. Den Baiser in einen Gefrierbeutel geben und mit der Teigrolle grob zerkrümeln. Cantuccini ebenso zerkrümeln.

3. Zwei Drittel der Beeren und zwei Drittel der Baiserkrümel unter die Joghurt-Sahne-Creme heben und in eine flache Form füllen. Übrige Baiser-Krümel, restliche Beeren und die Cantuccini-Krümel auf der Creme verteilen.

> **WIR HABEN HUNGER, HUNGER, HABEN HUNGER, HUNGER**

Haben Durst!

Kategorie

KINDER-DRINKS

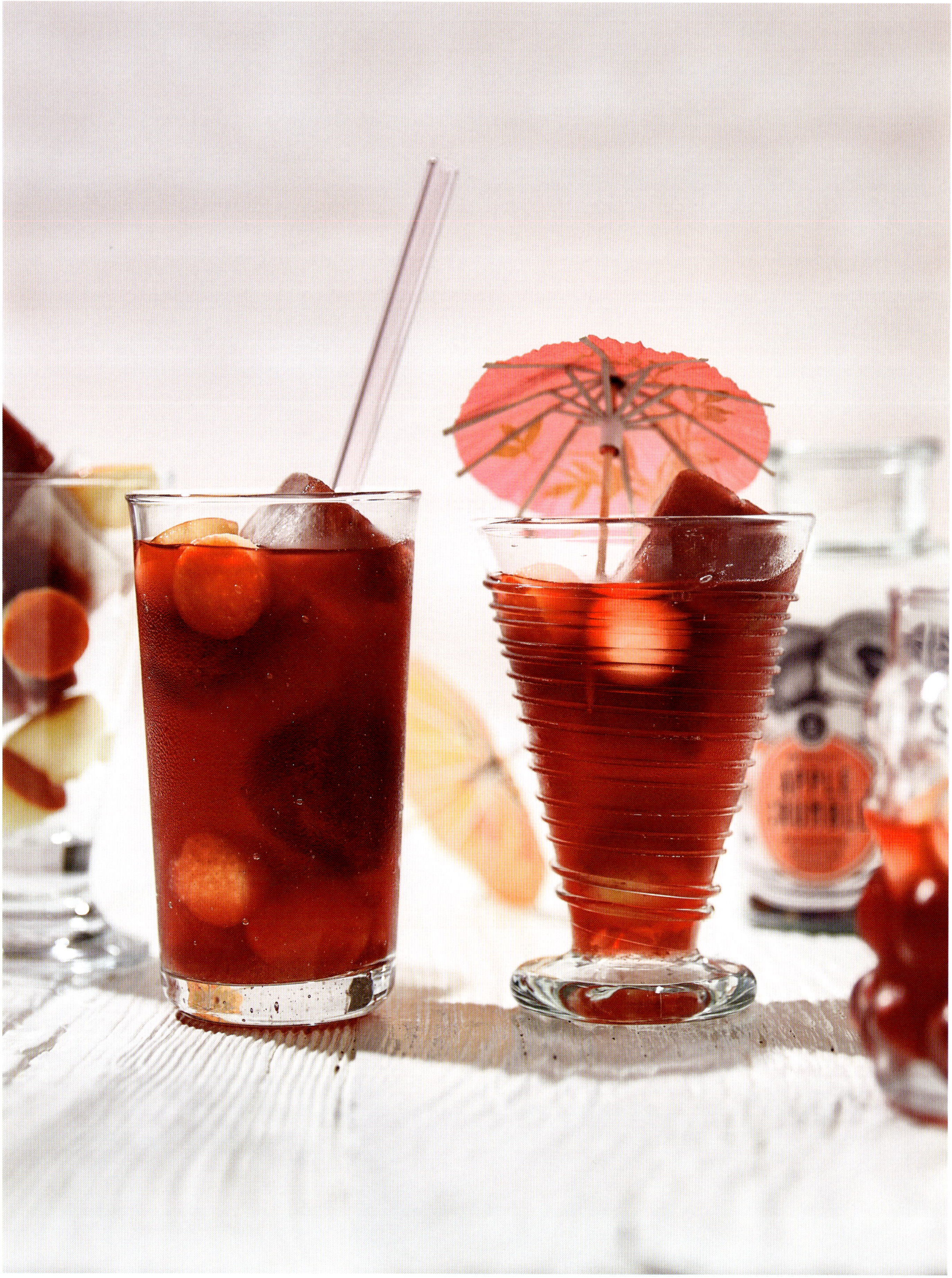

KALTER FRÜCHTETEE

⏱ 15 MIN.   ✖ 4 GLÄSER

ZUTATEN

4 EL ANKERKRAUT APPLE CRUMBLE FRÜCHTETEEMISCHUNG
2 EL AKAZIENHONIG
1 APFEL (150 G)
1 EL ZITRONENSAFT

1. Apple Crumble Früchteteemischung in ein hohes Gefäß geben. 1 Liter Wasser aufkochen und auf den Tee geben. Den Tee etwa 8 – 10 Minuten ziehen lassen. Diesen durch ein Sieb gießen und Tee wieder auffangen. 100 ml Tee, die Teemischung aus dem Sieb und den Honig zusammen fein pürieren. Das Püree etwa halbhoch in 12 Fächer eines Eiswürfelbereiters füllen, abkühlen und etwa 1 Stunde anfrieren lassen. Den restlichen Tee zugedeckt kühl stellen.

2. Das angefrorene Püree im Eiswürfelbereiter mit Wasser bedecken und mindestens 1 Stunde gefrieren lassen.

3. Den Apfel waschen und abtrocknen. Mit einem Kugelausstecher aus dem Fruchtfleisch Kugeln ausstechen und mit Zitronensaft mischen. Apfelkugeln und Eiswürfel in Gläser verteilen und mit dem kalten Tee auffüllen.

—TIPP—

Manchmal nehmen wir anderes Obst in die Bowle, wie z. B. Granatapfelkerne und Birnen.

FRUCHT-BOWLE

15 MIN.   4 - 6 GLÄSER

ZUTATEN

4 EL ANKERKRAUT LEMON CREAM GEWÜRZTEE
200 G HEIDELBEEREN
125 G ROTE JOHANNISBEEREN
½ HONIGMELONE
3 – 4 ORANGEN
300 G EISWÜRFEL
4 EL HIMBEER-SIRUP
400 ML MINERALWASSER MIT KOHLENSÄURE

1. Lemon Cream Gewürztee in ein hohes Gefäß geben. 1 Liter Wasser aufkochen und auf den Tee geben. Den Tee etwa 8 - 10 Minuten ziehen lassen. Anschließend durch ein Sieb gießen und Tee wieder auffangen und abkühlen lassen.

2. Die Beeren waschen und in einem Sieb abtropfen lassen. Die Johannisbeeren eventuell mit einer Gabel von den Rispen streifen. Die Honigmelone entkernen und in Spalten schneiden. Die Spalten schälen und in mundgerechte Stücke schneiden. 2 - 3 Orangen halbieren, auspressen und 300 ml Saft abmessen. 1 Orange so dick schälen, dass auch die weiße Haut entfernt wird. Die Orange in Scheiben schneiden.

3. Den Tee und den Orangensaft in einem großen Gefäß verrühren. Eiswürfel, Obst und Sirup dazugeben und mit Mineralwasser auffüllen. Die Bowle in kleine Gläser verteilen.

— TIPP —

Papa macht manchmal blaue Eiswürfel. Dafür etwas Limettensaft, Wasser und Blue Curacao Sirup mischen und mindestens 2 Stunden im Eiswürfelbereiter gefrieren lassen.

OSTERBERGER KINDER-COCKTAIL

15 MIN.   4 GLÄSER

ZUTATEN

2 EL ANKERKRAUT TONKA-ZUCKER
1 BIO LIMETTE
125 G HEIDELBEEREN
ETWA 8 EISWÜRFEL
4 EL BLUE CURACAO SIRUP
ETWA 600 ML KALTE ZITRONENLIMONADE

1. Tonka-Zucker auf einen kleinen Teller geben. Auf einen anderen kleinen Teller einen Esslöffel Wasser geben. Für den Zuckerrand die Glasränder erst in das Wasser, danach in den Zucker tauchen.

2. Die Limette heiß abwaschen, trocken tupfen und in dünne Scheiben schneiden. Die Heidelbeeren in einem Sieb abspülen und abtropfen lassen.

3. Für jede Portion 2 Limettenscheiben, ein Viertel der Heidelbeeren, 2 Eiswürfel und 1 Esslöffel Blue Curacao Sirup in ein Glas geben. Die Gläser mit Zitronenlimonade füllen.

GEWÜRZREGISTER

APFELKUCHEN GEWÜRZ
Joghurt-Granola-Eis *105*

APFEL-ZIMT PORRIDGE-GEWÜRZ
Kleine Apfelpfannkuchen *25*
Smores *121*

APPLE CRUMBLE FRÜCHTEETEEMISCHUNG
Kalter Früchtetee *135*

AUFLAUF GEWÜRZ
Gemüsepuffer mit Gurkenquark *29*

BAUCHFLEISCH GEWÜRZ
Bauchfleischfackeln mit Kartoffelsalat *55*

BETÖRENDE SCHOKOLADE
Anker-Schnitte *73*

BOLOGNESE GEWÜRZ
Mini-Gemüse-Muffins *89*

BOMBAY CHICKEN
Marinierte Putenbrust mit Süßkartoffelpüree *43*

BRATHÄHNCHEN GEWÜRZ
Hähnchenkeulen mit Blechkartoffeln & Gurken-Melonen-Salat *129*

BRATKARTOFFEL GEWÜRZ
Hähnchenkeulen mit Blechkartoffeln & Gurken-Melonen-Salat *129*

BRUSCHETTA GEWÜRZ
Deftiges Schinken-Stockbrot *63*

BULETTEN & FRIKADELLEN GEWÜRZ
Buletten Brunnen *111*
Königs-Klopse mit Kartoffelpüree *13*

CHILI CON CARNE GEWÜRZ, MILD
Chili sin Carne *119*

CURRY INDISCH
Apfel-Curry-Ketchup *56*

EINTOPF GEWÜRZ
Grüne Erbsensuppe *127*

FRUIT & DESSERT
Melonen-Pizza *97*

GEBRANNTE MANDEL GEWÜRZ
Popcorn mit Karamell *103*

GEMÜSEBRÜHE
Chili sin Carne *119*
Grüne Erbsensuppe *127*
Kartoffelsuppe mit Würstchen-Kraken *33*
Königs-Klopse mit Kartoffelpüree *13*
Köttbullar im Möhren-Kartoffel-Krater *35*
Marinierte Putenbrust mit Süßkartoffelpüree *43*
Risi Bisi *19*

GRAVED LACHS
Lachsseite mit Ofenkartoffeln & Salaten *21*

GULASCH GEWÜRZ
Rinder-Würstchen-Gulasch *39*

GURKENSALAT GEWÜRZ
Flockenfische mit Gurken-Mango-Salat *31*
Lachsseite mit Ofenkartoffeln & Salaten *21*

HUMMUS GEWÜRZ
Kleiner Löwe aus Hummus & Paprikastreifen *109*

KAKAONIBS
Joghurt-Granola-Eis *105*
Schoko-Müsli mit Joghurt *87*

KARTOFFELSALAT GEWÜRZ
Kartoffelsuppe mit Würstchen-Kraken *33*

KEKS GEWÜRZ
Pasteis de Nata *69*

KNÖDEL GEWÜRZ
Spinat-Parmesan-Ravioli *45*

KOKOSBLÜTENZUCKER
Beerentraum *131*
Pancakes mit Obst *67*
Prinzessinnentorte *79*
Zitronen-Himbeer-Tiramisu *23*

KÖTTBULLAR GEWÜRZ
Köttbullar im Möhren-Kartoffel-Krater *35*

KRÄUTERBUTTER GEWÜRZ
Drei-Lagen-Brot *85*

LEMON CREAM GEWÜRZTEE
Frucht-Bowle *137*

LORBEERBLATT
Köttbullar im Möhren-Kartoffel-Krater *35*

MAGIC DUST
Cordon Bleu mit süßen Kartoffeln *17*

MEERSALZ, FEIN
Apfel-Curry-Ketchup *56*
Bauchfleischfackeln mit Kartoffelsalat *55*
Beerentraum *131*
Bunte Gemüsechips *99*
Chili sin Carne *119*
Cordon Bleu mit süßen Kartoffeln *17*
Deftiges Schinken-Stockbrot *63*
Erdbeerschnecken *71*
Grüne Erbsensuppe *127*

Hähnchenkeulen mit Blechkartoffeln &
Gurken-Melonen-Salat *129*
Joghurt-Granola-Eis *105*
Kleine Apfelpfannkuchen *25*
Kleine, belegte Laugenbrötchen *91*
Köttbullar im Möhren-
Kartoffel-Krater *35*
Lachsseite mit Ofenkartoffeln &
Salaten *21*
Mayonnaise, vegan *57*
Mini-Gemüse-Muffins *89*
Mini-Pizzen mit Tomatensauce *47*
Mini-Wraps mit Hähnchenbrust *115*
Pancakes mit Obst *67*
Piraten-Bomben *61*
Piratenschiff *77*
Prinzessinnentorte *79*
Rinder-Würstchen-Gulasch *39*
Risi Bisi *19*
Smores *121*
Spinat-Parmesan-Ravioli *45*

MUSKATNUSS, GEMAHLEN
Königs-Klopse mit Kartoffelpüree *13*

NORDIC FISH
Flockenfische mit
Gurken-Mango-Salat *31*

OBST FINISHER
Bunte Obst-Ketten *101*

PASTA BAMBINI
Mini-Pizzen mit Tomatensauce *47*

PFEFFER, SCHWARZ
Bauchfleischfackeln mit
Kartoffelsalat *55*
Königs-Klopse mit Kartoffelpüree *13*

PFEFFER-SYMPHONIE
Cordon Bleu mit süßen Kartoffeln *17*
Kleine, belegte Laugenbrötchen *91*
Mini-Wraps mit Hähnchenbrust *115*

PIT POWDER
Piraten-Bomben *61*

POMMES FRITES SALZ
Bunte Gemüsechips *99*

POMMES FRITES SALZ INDISCH
Bunte Gemüsechips *99*
Erdnuss-Pfannkuchenrollen *93*

POMMES FRITES SALZ KRÄUTER
Bunte Gemüsechips *99*

POMMES FRITES SALZ MEDITERRAN
Mayonnaise mit Möhren *57*

POTTGOLD
Spinat-Parmesan-Ravioli *45*

PULL THAT PIGGY
Gruselfinger *53*

QUARKGEWÜRZ GARTENKRÄUTER
Gemüsepuffer mit Gurkenquark *29*

ROH-ROHRZUCKER
Arme-Ritter-Spieße *49*
Grüne Erbsensuppe *127*
Kleine Apfelpfannkuchen *25*
Königs-Klopse mit Kartoffelpüree *13*
Lachsseite mit
Ofenkartoffeln & Salaten *21*
Mini-Pizzen mit Tomatensauce *47*
Rinder-Würstchen-Gulasch *39*

ROSMARIN-FLOCKENSALZ
Lachsseite mit
Ofenkartoffeln & Salaten *21*

ROTE SAU
Chicken-Chips *59*

RÜHREI KRÄUTER
Lachender Max *41*
Panierte Nudeln mit Tomatensalat *15*

SALATGEWÜRZ GARTENKRÄUTER
Mini-Wraps mit Hähnchenbrust *115*
Risi Bisi *19*

SCHOKO CRUMBLE GEWÜRZ
Piratenschiff *77*
Schoko-Müsli mit Joghurt *87*

SOUR CREAM & ONION GEWÜRZ
Mayonnaise mit Sour Cream Geschmack *57*

STEAK & BBQ SALZFLOCKEN
Arme-Ritter-Spieße *49*
Kleine, belegte Laugenbrötchen *91*

STREUSELKUCHEN GEWÜRZ
Erdbeerschnecken *71*

SÜSSKARTOFFELSALZ
Marinierte Putenbrust mit
Süßkartoffelpüree *43*

TOMATE-MOZZARELLA GEWÜRZ
Gurkenkrokodil *117*
Panierte Nudeln mit Tomatensalat *15*

TONKA-ZUCKER
Osterberger Kindercocktail *139*

WAFFEL TOPPING
Pancakes mit Obst *67*

ZIMT & ZUCKER
Arme-Ritter-Spieße *49*

ZITRONEN-FLOCKENSALZ
Lachsseite mit
Ofenkartoffeln & Salaten *21*
Popcorn mit Salz und Schokolade *103*

REZEPTREGISTER

A
Anker-Schnitte *73*
Apfel-Curry-Ketchup *56*
Arme-Ritter-Spieße *49*

B
Bauchfleischfackeln mit Kartoffelsalat *55*
Beerentraum *131*
Buletten Brunnen *111*
Bunte Gemüsechips *99*
Bunte Obstketten mit süßem Schmand *101*

C
Chicken-Chips *59*
Chili sin Carne *119*
Cordon Bleu mit süßen Kartoffeln *17*

D
Deftiges Schinken-Stockbrot *63*
Drei-Lagen-Brot *85*

E
Erdbeerschnecken *71*
Erdnuss-Pfannkuchenrollen *93*

F
Flockenfische mit Gurken-Mango-Salat *31*
Frucht-Bowle *137*

G
Gemüsepuffer mit Gurkenquark *29*
Grüne Erbsensuppe *127*
Gruselfinger *53*
Gurkenkrokodil *117*

H
Hähnchenkeulen mit Blechkartoffeln & Gurken-Melonen-Salat *129*

J
Joghurt-Granola-Eis *105*

K
Kalter Früchtetee *135*
Kartoffelsuppe mit Würstchen-Kraken *33*
Kleine Apfelpfannkuchen *25*
Kleine, belegte Laugenbrötchen *91*
Kleiner Löwe aus Hummus & Paprikastreifen *109*
Königs-Klopse mit Kartoffelpüree *13*
Köttbullar im Möhren-Kartoffel-Krater *35*

L
Lachender Max *41*
Lachsseite mit Ofenkartoffeln & Salaten *21*

M
Marinierte Putenbrust mit Süßkartoffelpüree *43*
Mayonnaise, vegan *57*
Mayonnaise mit Möhren *57*
Mayonnaise mit Sour Cream Geschmack *57*
Melonen-Pizza *97*
Mini-Pizzen mit Tomatensauce *47*
Mini-Gemüse-Muffins *89*
Mini-Wraps mit Hähnchenbrust *115*

O
Osterberger Kindercocktail *139*

P
Pancakes mit Obst *67*
Panierte Nudeln mit Tomatensalat *15*
Pasteis de Nata *69*
Piraten-Bomben *61*
Piratenschiff *77*
Popcorn mit Karamell *103*
Popcorn mit Salz und Schokolade *103*
Prinzessinnentorte *79*

R
Rinder-Würstchen-Gulasch *39*
Risi Bisi *19*

S
Schoko-Müsli mit Joghurt *87*
Smores *121*
Spinat-Parmesan-Ravioli *45*

Z
Zitronen-Himbeer-Tiramisu *23*

DANKSAGUNG

Liebe Ida, lieber Lio,

als wir Ankerkraut gegründet haben, wart ihr noch ganz klein, aber ich erinnere mich noch als wäre es gestern gewesen:

Ida, du schläfst in der Vorweihnachtszeit 2013 in einem Kinderwagen neben dem Packtisch (während wir die ersten 100 Weihnachtsgeschenke für Kunden gepackt haben) - Lio, du baust Ankerkraut aus Bausteinen nach und stellst uns oben auf das „Ankerkraut-Haus".

Seit damals seid nicht nur ihr gewachsen, sondern auch wir und Ankerkraut.

Ihr seid unser Motor, der tägliche Antrieb. Ohne euch wäre diese Welt ganz schön langweilig, trist und grau.

Egal, wie stressig unsere Tage manchmal sind - egal, wie wenig Zeit Maumau und Paupau manchmal haben, wir werden euch immer Zeit schenken und zwei offene Ohren für euch haben und euch die Hand reichen. Versprochen.

Opa Thomas sagt immer: „Lange Leine schnackt zurück" - ich hoffe sehr, dass ihr wisst, dass ihr immer zurückkommen könnt. Egal wohin der Wind euch trägt.

Danke, dass es euch gibt!

Danke, dass ich eure Mama sein darf!

Danke, dass wir dieses tolle Buch verwirklichen durften – mit euch, für euch!

Ich liebe euch bis zum Mond und 24.561.452.5248.799 mal zurück.

Eure Mama

IMPRESSUM

©2020 Ankerkraut GmbH, Niedersachsen
1. Auflage
Alle Rechte vorbehalten.

Ankerkraut GmbH
Reindorfer Osterberg 75
21266 Jesteburg

AUTOREN	Anne und Stefan Lemcke
PROJEKTLEITUNG	Juliane Lackner
DESIGN & ART DIRECTION	Michaela Vargas Coronado
TEXT	Lisa-Marie Kubiak
FOTOGRAFIE	Nicky Walsh
FOODSTYLING	Anke Rabeler und Max Faber
REZEPTENTWICKLUNG	Anne & Stefan Lemcke mit Anke Rabeler und Max Faber
REZEPTÜBERARBEITUNG	Anke Rabeler und Max Faber
LEKTORAT	Wiebke Till
DRUCK	BEISNER DRUCK GmbH & Co. KG Müllerstraße 6 21244 Buchholz in der Nordheide
FOTOLOCATION	Zuhause
ISBN	978-3-00-066559-2

www.ankerkraut.de
Bei Fragen und Anregungen
melde Dich gerne unter
lotse@ankerkraut.de